Poemas e fragmentos

Safo de Lesbos

POEMAS E FRAGMENTOS

Tradução
Joaquim Brasil Fontes

Apresentação
Jeanne Marie Gagnebin

ILUMINURAS

Copyright © 2021
Joaquim Brasil Fontes

Copyright © desta edição
Editora Iluminuras Ltda.

Capa e projeto gráfico
Eder Cardoso/ Iluminuras
sobre *La muse endormie* (1909), Constantin Brancusi.
Mármore [17,8 cm x 27,9 cm x 20,3 cm], Cortesia Hirshhorn Museum and Sculpture Garden, Smithsonian Institution, Washington, D.C.

Revisão
Ariadne Escobar Branco
Monika Vibeskaia

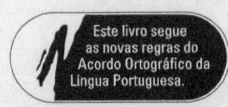
Este livro segue as novas regras do Acordo Ortográfico da Língua Portuguesa.

CIP-BRASIL. CATALOGAÇÃO NA PUBLICAÇÃO
SINDICATO NACIONAL DOS EDITORES DE LIVROS, RJ
S134p

    Safo
        Poemas e fragmentos / Safo de Lesbos ; tradução Joaquim Brasil Fontes. - [2. ed.] - São Paulo : Iluminuras, 2021.
        21 cm.

        "Traduzidos a partir de um compilado de textos"

        ISBN 978-65-5519-115-8

        1. Poesia grega. I. Fontes, Joaquim Brasil. II. Título.

21-72799   CDD: 881
                           CDU: 82-1(38)

Camila Donis Hartmann - Bibliotecária - CRB-7/6472

2024
ILUMI//URAS
desde 1987

EDITORA ILUMINURAS LTDA.
Rua Salvador Corrêa, 119 | Aclimação
04109-070 | São Paulo/SP | Brasil
Telefone: 55 11 3031-6161
iluminuras@iluminuras.com.br
www.iluminuras.com.br

SUMÁRIO

Um rosto iluminado, 9
   Jeanne Marie Gagnebin

POEMAS E FRAGMENTOS DA LÍRICA, 15
EPITALÂMIOS EM FRAGMENTOS, 129
RUÍNAS, 147
JOGOS DE SOMBRA E LUZ, 173
TABULAE NUMERORUM, 185

BIBLIOGRAFIA, 191

UM ROSTO ILUMINADO

Jeanne Marie Gagnebin

Na pacata cidade helvética onde nasci havia um professor de língua e literatura gregas que marcou muitos estudantes da geração anterior à minha. Não o conheci. Muito mais tarde aprendi, não pela tradição oral da cidade, mas por uma nota biográfica impressa, que o professor André Bonnard não só traduzia Ésquilo e escrevia sobre os deuses gregos, como também era militante de esquerda; sim, comunista, chegando mesmo a receber, em 1954, um prêmio de nome sulfuroso, o prêmio Lenine. Hoje, quando releio seus belos livros, admiro essa combinação de humanismo generoso e de erudição, esse estilo simultaneamente claro e sensual como a luz grega.

Graças a André Bonnard, ainda adolescente, descobri Safo: num dos seus volumes sobre a civilização grega havia uma fotografia extraordinária e, na página ao lado, uns versos límpidos. A fotografia, em preto e branco, era um detalhe em gros plan *de uma escultura arcaica de moça, uma dessas* korai *cujo sorriso enigmático seduz e afasta; o fotógrafo não mostrava o sorriso, mas sim a cabeça de trás, ligeiramente de lado: adivinha-se o rosto iluminado pelo sol, parece que a moça olha para o esplendor do Mediterrâneo na luz da manhã; os cabelos, grossos, estão na sombra, mas se distingue um penteado artístico, umas tranças espessas de pedra. Na página da esquerda, os versos de Safo que concluem o capítulo dedicado à poeta:*

Amo a flor da juventude...
Coube-me em sorte o amor,
é o brilho do sol, é a beleza.[1]

Assim, "Safo" foi, desde o início, sinônimo de uma ligação transparente e misteriosa entre a luz do sol, a beleza, a juventude e o amor. Somente muito mais tarde esse brilho assumiu uma outra fulguração mais inquietante: aquela das femmes damnées *de Baudelaire, simultaneamente condenadas e veneradas. Lesbos, a ilha na qual Safo manteve uma escola/comunidade para meninas e moças, lugar de aprendizagem erótica e artística do seu papel de mulheres/esposas futuras,*[2] *Lesbos se tornou a pátria do vício ou do requinte decadente ou ainda do feminismo nascente, dependendo do olhar do/da intérprete. Um dos maiores méritos do belo livro, agora reeditado, de Joaquim Brasil Fontes,* Eros, tecelão de mitos,[3] *é de não eludir essas diversas leituras, mas de elucidar a trama interpretativa complexa, sim, conflitiva, que permeia, hoje, qualquer aproximação da poeta.*

Desde Platão, que cita Safo como uma entendida, uma sábia em amor,[4] *o que permite sua comparação com ninguém menos que Sócrates,*[5] *Safo é muito mais um nome lendário, transmitido com deleite ou repulsa pela tradição poética, que uma figura historicamente bem documentada, a da primeira mulher escritora*

---

[1] André Bonnard, *A civilização grega*. Lisboa: Martins Fontes, 1980, p. 100. Joaquim Brasil Fontes traduz esses versos da seguinte maneira: [eu amo a doçura do mundo] [ ] [o amor me concedeu] [a luz resplandecente e a beleza do sol].
[2] A respeito dessa "escola" e dessa aprendizagem, os comentadores são unânimes em ressaltar o estatuto privilegiado de que, nesta região precisa da Grécia, gozavam as mulheres (em contraste com o papel muito mais recatado da esposa na Atenas clássica, por exemplo).
[3] Joaquim Brasil Fontes, *Eros, tecelão de mitos*, 2. ed. revista. São Paulo: Ilminuras, 2003.
[4] Platão, *Fedro*, 235 b/c.
[5] Como o fez o professor de retórica Máximo de Tiro (século II d.C.), que Brasil Fontes traduz, nesta coletânea: "Como considerar o amor da mulher de Lesbos, senão pela comparação com a arte socrática de amar? Pois cada qual me parece ter praticado o amor à sua maneira; ela, o amor das mulheres; ele, o dos homens. Pois disseram que amaram muitos e foram fascinados por todas as coisas belas. (...)"

*lembrada pela literatura ocidental. Um destino, poderíamos observar, profundamente poético e profundamente grego: como se a glória (*kléos*) do herói ou do poeta se concentrasse, depois de sua morte, muito mais na lembrança de seu nome que na memória, falha, de sua vida singular:*

> Sum brevis, at nomen, quod terras impleat omnes,
> est mihi: mensuram nominis ipsa fero.
>
> *Pequena eu sou; mas é meu um nome que corre*
> *o mundo inteiro; à altura eu estou desse nome.*

assim Safo, personagem, poeta, emblema, nos versos de Ovídio traduzidos por Joaquim Brasil.[6]

Nesta coletânea, sem comentários nem introdução, os versos que de Safo restam, versos entrecortados, esburacados. E alguns fragmentos de testemunhos antigos sobre Safo, mulher, poeta, nome, enigma e maravilha. Enigma e maravilha, eis duas palavras frequentemente usadas para evocá-la, desde a Antiguidade.[7] *Só podemos tecer hipóteses a respeito do enigmático e do maravilhoso que os antigos encontravam em Safo. Mas as duas palavras continuam ainda a traduzir o choque que esses versos, mutilados, proporcionam aos leitores atuais. Paradoxalmente, a mutilação reforça o efeito de choque: como se o ritmo entrecortado, abrupto, interrompido dos versos incompletos, às vezes até de palavras isoladas e truncadas — e, aqui, os abundantes colchetes, signos tipográficos da ausência, se transformam, graças à arte do tradutor, em síncopes rítmicas — fosse também o ritmo ofegante de Eros, o pulsar doloroso e sublime da onipotência do divino no corpo mortal, despedaçado.*

---

[6] Joaquim Brasil Fontes, *Eros, tecelão de mitos*, op. cit.
[7] André Bonnard, op. cit., p. 83.

Pois Eros *"tecelão de mitos"* (mythóplokos),⁸ *isto é, tecelão, artesão de palavras, de discursos, de poemas, Eros tecelão de linguagem também é aquele que desfaz, "quebranta", "arrebata", desliga o corpo: ele é dito* lysimelés.⁹ *Como Diôniso (na tradição retomada por Nietzsche), ele dissolve, desliga* (lýein), *simultaneamente desmancha e liberta. Essa natureza paradoxal de Eros, poder de junção das palavras e de dissolução dos membros, Safo a diz no próprio coração da palavra, quando cria, por exemplo, o belo oxímoro "dociamargo"* (glykýpikron) *para descrevê-la. Inaugura assim, na lírica amorosa, este viés que, de Louise Labé, Camões, Racine, a Aragon ou Drummond, diz ao mesmo tempo o dilaceramento e o maravilhamento, como se Eros se unisse a Pólemos no campo de batalha que constitui o corpo de sua vítima. Como nenhum outro, Joaquim Brasil Fontes traduz, sim, transcreve em português, os famosos versos que expressam essa viva morte:*

> *a língua se dilacera;*
> *escorre-me sob a pele uma chama furtiva;*
> *os olhos não vêem, os ouvidos*
> *zumbem;*
>
> ———
>
> *um frio suor me recobre, um frêmito do corpo*
> *se apodera, mais verde que as ervas eu fico;*
> *que estou a um passo da morte,*
> *parece [*
>
> ———
>
> *Mas [*¹⁰

Chama a atenção o quanto as cesuras e incompletudes ressaltam, para nossa sensibilidade moderna, a dramaticidade da descrição.

---

⁸ Ver fragmento 19 desta coletânea.
⁹ Ver fragmento 18 desta coletânea.
¹⁰ Nesta coletânea, fragmento 2.

A tradução que ousa dispensar o enquadramento do verso regular acentua, paradoxalmente, a modernidade da dicção, como se Safo escrevesse em versos livres, libertos da rima e da forma, mas fiéis à ofegante respiração. Assim traduzida, Safo é muito mais a irmã de Hölderlin ou de Rimbaud

> Elle est retrouvée.
> Quoi? — L'Eternité.
> C'est la mer allée
> avec le soleil.[11]

que de Louise Labé[12] ou de Camões,[13] no entanto seus discípulos manifestos.

Safo retoma as antigas metáforas de Homero,[14] mas as transpõe para um outro lugar, nada heroico como o campo de batalha de Troia; o palco da luta agora é o autor do poema, uma voz lírica que fala em primeira pessoa, que diz e assume, pela primeira vez na literatura, este "eu" incógnito e íntimo. Mas cuidado: não se trata de análise psicológica. Não podemos projetar em Safo nossas complacentes descrições de sentimentos pessoais, esse tesouro contraditório e precioso que nos parece, hoje, a chave de ouro da individualidade. Certamente, Safo evoca suas emoções; mas ela o faz, na linhagem de Homero e, segundo alguns, em relação com a medicina nascente, pela descrição de sintomas físicos. O corpo é o palco privilegiado desse embate, não a interioridade psíquica. Ao ressaltar este aspecto, Jacqueline de

---

[11] Arthur Rimbaud, "L'Eternité", *Fêtes de la patience*. In: *Œuvres complètes*. Paris: Gallimard/Pléiade, 1951, p. 132.

[12] Poeta francesa (1524-1566) que escreveu belos poemas de amor, alguns sem dúvida inspirados em Safo, por exemplo: Je vis, je meurs: je me brûle et me noie, / J'ai chaud extrême en endurant froidure: / La vie m'est et trop molle et trop dure, / J'ai grands ennuis entremêlés de joie.

[13] Por exemplo o famoso soneto que assim começa: Amor é fogo que arde sem se ver; / É ferida que dói e não se sente; / É um contentamento descontente; / É dor que desatina sem doer (...).

[14] Ver as análises de Joaquim Brasil Fontes, *Eros, tecelão de mitos*, op. cit., pp. 167 ss.

Romilly[15] *observa que esse traço ainda "arcaico" (porque não se apresenta uma individualidade psíquica bem determinada) em Safo somente acentua a força do poema. Porque ela não fala ("ainda") de sentimentos, mas sim de sensações, Safo irrompe hoje, após séculos de uma introspecção às vezes cansativa, como uma voz poética radical e paradoxalmente atual. Corpo, indizível, despedaçamento, fragmentos: haveria temas mais presentes que estes na arte contemporânea?*

Quando encontra um tradutor como Joaquim Brasil Fontes, Safo, nossa longínqua contemporânea renova o enigma da obra de arte verdadeira do qual fala Walter Benjamin: quanto mais se afasta no tempo e quanto mais seus aspectos históricos e materiais se sobressaem porque não são mais imediatamente compreensíveis, em suma, quanto mais se manifesta a historicidade, a finitude, a "mortalidade" (Benjamin) da obra, tanto mais sua verdade vem à luz e brilha como uma chama viva que consome o tempo.[16] *Uma transmissão fragmentária e uma tradução que respeita a incompletude: eis que, de repente, brilha o fulgor desses poemas como a luz do sol sobre o rosto de pedra da moça desconhecida.*

Campinas, abril de 2003.

---

[15] Jacqueline de Romilly, *"Patience, mon cœur!" L'essor de la psychologie dans la littérature grecque classique*. Paris: Belles Lettres/Pocket, 1991, p. 50.
[16] Comento livremente os parágrafos iniciais do ensaio de Walter Benjamin sobre *As afinidades eletivas* de Goethe.

POEMAS E FRAGMENTOS DA LÍRICA

ποικιλόθρον' ἀτανάτ' Ἀφρόδιτα,
παῖ Δίος δολόπλοκε, λίσσομαί σε,
μή μ' ἄσαισι μηδ' ὀνίαισι δάμνα
πότνια, θῦμόν,

ἀλλὰ τυίδ' ἔλθ', αἴ ποτα κἀτέρωτα
τὰς ἔμας αὔδας ἀίοισα πήλοι
ἔκλυες, πάτρος δὲ δόμον λίποισα
χρύσιον ἦλθες

ἄρμ' ὑπασδεύξαισα· κάλοι δέ σ' ἆγον
ὤκεες στροῦθοι περὶ γᾶς μελαίνας
πύκνα δίννεντες πτέρ' ἀπ' ὠράνωοἴθε-
ρος διὰ μέσσω·

αἶψα δ' ἐξίκοντο· σύ δ', ὦ μάκαιρα,
μειδιαίσαισ' ἀθανάθῳ προσώπῳ
ἤρε' ὄττι δηῦτε πέπονθα κὤττι
δηῦτε κάλημμι

1

Aphrodite em trono de cores e brilhos,
imortal filha de Zeus, urdidora de tramas!
eu te imploro: a dores e mágoas não dobres,
Soberana, meu coração;

———

mas vem até mim, se jamais no passado,
ouviste ao longe meu grito, e atendeste,
e o palácio do pai deixando,
áureo, tu vieste,

———

no carro atrelado: conduziam-te, rápidos,
lindos pardais sobre a terra sombria,
lado a lado num bater de asas, do céu,
através dos ares,

———

e pronto chegaram; e tu, Bem-Aventurada,
com um sorriso no teu rosto imortal,
perguntaste por que de novo eu sofria,
e por que de novo eu suplicava;

κὤττι μοι μάλιστα θέλω γένεσθαι
μαινόλᾳ τύμῳ· τίνα δηὖτε Πείθω
ἄψ σ' [ἄγνην] ἐς σὰν φιλότατα; τίς σ', ὦ
Ψάπφ', ἀδικήει;

καὶ γὰρ αἰ φεύγει, ταχέως διώξει·
αἰ δὲ δῶρα μὴ δέκετ', ἀλλὰ δώσει·
αἰ δὲ μὴ φίλει, ταχέως φιλήσει
κωὐκ ἐθέλοισα.

ἔλθε μοι καὶ νῦν, χαλέπαν δὲ λῦσον
ἐκ μερίμναν, ὄσσα δὲ μοι τέλεσσαι
θῦμος ἰμέρρει, τέλεσον· σὺ δ' αὔτα
σύμμαχος ἔσσο.

---
e o que para mim eu mais quero,
no coração delirante. Quem, de novo, a Persuasiva
deve convencer para o teu amor? Quem,
ó Psappha, te contraria?

Pois, ela, que foge, em breve te seguirá;
ela que os recusa, presentes vai fazer;
ela que não te ama, vai te amar em breve,
ainda que não querendo.

Vem, outra vez — agora! Livra-me
desta angústia e alcança para mim,
tu mesma, o que o coração mais deseja:
sê meu Ajudante-em-Combates!

φαίνεταί μοι κῆνος ἴσος θέοισιν
ἔμμεν' ὤνηρ, ὄττις ἐναντιός τοι
ἰσδάνει καὶ πλάσιον ἆδυ φωνεί-
σας ὐπακούει

καὶ γελαίσας ἰμέροεν, τὸ μ' ἦ μὰν
καρδίαν ἐν στήθεσιν ἐπτόαισεν·
ὡς γὰρ ἔς σ' ἴδω βρόχε', ὤς με φώναι-
σ' οὐδ' ἒν ἔτ' εἴκει,

ἀλλὰ κὰμ μὲν γλῶσσά <μ'>ἔαγε, λέπτον
δ' αὔτικα χρῷ πῦρ ὐπαδεδρόμηκεν,
ὀππάτεσσι δ' οὐδ' ἒν ὄρημμ', ἐπιρρόμ-
βεισι δ' ἄκουαι,

κὰδ δέ μ' ἴδρως κακχέεται, τρόμος δὲ
παῖσαν ἄγρει χλωροτέρα δὲ ποίας
ἔμμι, τεθνάκην δ' ὀλίγω 'πιδεύης
φαίνομ' ἔμ' αὔτ[ᾳ

ἀλλὰ πὰν τόλματον, ἐπεὶ [καὶ πένητα]

2

Parece-me ser igual dos deuses
aquele homem que, à tua frente
sentado, tua voz deliciosa, de perto,
escuta, inclinando o rosto,

_____

e teu riso luminoso que acorda desejos — ah! eu juro,
o coração no peito estremece de pavor,
no instante em que te vejo: dizer não posso mais
uma só palavra;

_____

a língua se dilacera;
escorre-me sob a pele uma chama furtiva;
os olhos não vêem, os ouvidos
zumbem;

_____

um frio suor me recobre, um frêmito do corpo
se apodera, mais verde do que as ervas eu fico;
que estou a um passo da morte,
parece [

_____

Mas [

ρανοθενκατιου[
δεῦρύ μ' ἐκ Κρήτας ἐπ[ὶ τόνδ]ε ναῦον
ἄγνον, ὄππ[ᾳ τοι] χάριεν μὲν ἄλσος
μαλί[αν], βῶμοι δὲ τεθυμιάμε-
νοι [λι]βανώτῳ·

ἐν δ' ὕδωρ ψῦχρον κελάδει δι' ὔσδων
μαλίνων, βρόδοισι δὲ παῖς ὀ χῶρος
ἐσκίαστ' αἰθυσσομένων δὲ φύλλων
κῶμα κατέρρει·

ἐν δὲ λείμων ἰππόβοτος τέθαλεν
ἠρίνοισιν ἄνθεσιν, αἰ δ' ἄηται
μέλλιχα πνέοισιν[
[   ]

ἔνθα δὴ σὺ . . . . ἔλοισα Κύπρι
χρυσίαισιν ἐν κυλίκεσσιν ἄβρως
ὀμμεμείχμενον θαλίαισι νέκταρ
οἰνοχόαισον

3

ranothenkatiou [
vem, de Kreta até mim, no templo
santo deste bosque deleitoso
de macieiras, que é teu, e onde nos altares
queima incenso perfumado;

―――――

aqui, a água fria rumoreja entre ramos
de macieiras; recobre este lugar uma sombra
de rosas; das folhas trêmulas um sortilégio
escorre;

―――――

aqui, num campo de úmidas pastagens, brotam
flores de primavera ao sopro de ventos
com uma doçura de mel [
[   ]

―――――

aqui, tu [   ] empunhando, ó Kýpria,
nas áureas taças, com delícias,
e que à nossa festa se mistura, o néctar
derrama [

Κύπρι καὶ] Νηρήιδες ἀβλάβεη[ν μοι
τὸν κασί]γνητον δ[ό]τε τυίδ' ἴκεσθα[ι
κὤσσα Ϝ]οι θύμωι κε θέλη γένεσθαι
πάντα τε]λέσθην,

ὄσσα δὲ πρ]όσθ' ἄμβροτε πάντα λῦσα[ι
καὶ φίλοις]ι Ϝοῖσι χάραν γένεσθαι
κὠνίαν ἔ]χθροισι γένοιτο δ' ἄμμι
πῆμ' ἔτι μ]ηδ' εἶς·

τὰν κασιγ]ήταν δὲ θέλοι πόησθαι
        ]τίμας, [ὀν]ίαν δὲ λύγραν
        ]οτοισι π[ά]ροιθ' ἀχεύων
              ].να

        ].εισαΐω[ν] τὸ κέγχρω
        ]λ' ἐπαγ[...]αι πολίταν
        ]λλως[....]νηκε δ' αὖτ' οὐ
        ]κρω[ ]

    ]οναικ[   ]εο[   ].ι
        ] [.]ν· σὺ [δ]ὲ Κύπ[ρ]ι σ[έμ]να
]θεμ[έν]α κάκαν [
]ι.

Κύ]πρι κα[ί σε] πι[κροτάτ]αν ἐπεύρ[οι,
μη]δὲ καυχάσ[α]ιτο τόδ' ἐννέ]ποισα
Δ]ωρίχα, τὸ δεύ[τ]ρον ὡς πόθε[ννον
εἰς] ἔρον ἦλθε.

4

Kýpria, e] vós, Nereidas, dai-me de volta
o irmão, meu sangue, são e a salvo;
o que] ele mais deseja no seu peito,
tudo,] realiza;

———

dos passados crimes ele se livre,
e renascer ele possa na alegria dos amigos;
dos inimigos seus, a ruína;
[   ]

———

à sua irmã possa ele trazer
          ]honra, e a sombria desgraça
[esquecida]
[

———

[
[cidadãos]
[
[

———

Ó Kýpria, que mais dura te encontre Doríkha;
que ela não possa cantar, orgulhosa:
pela segunda vez, ao delicioso
amor ele voltou.

ο]ἰ μὲν ἰππήων στρότον οἰ δε πέσδων
οἰ δὲ νάων φαῖσ' ἐπ[ὶ] γᾶν μέλαι[ν]αν
ἔ]μμεναι κάλλιστον, ἔγω δὲ κῆν' ὄτ-
τω τις ἔραται·

πά]γχυ δ' εὔμαρες σύνετον πόησαι
π]άντι τ[ο]ῦτ', ἀ γὰρ πόλυ περσκέθοισα,
κάλλος [ἀνθ]ρώπων Ἐλένα [τὸ]ν ἄνδρα
τὸν [πανάρ]ιστον

καλλ[ίπποι]σ' ἔβα 'ς Τροΐαν πλέοι]σα
κωὐδ[ὲ πα]ῖδος οὐδὲ φίλων το[κ]ήων
πά[μπαν] ἐμνάσθη, ἀλλὰ παράγαγ' αὔταν
                                    ]σαν

        ]αμπτον γὰρ [
        ] . . κούφως τ[   ]οησ[.]ν
. .]με νῦν Ἀνακτορί[ας ὀ]νέμναι-
σ' οὐ] παρεοίσας·

τᾶ]ς κε βολλοίμαν ἔρατόν τε βᾶμα
κἀμάρυχμα λάμπρον ἴδην προσώπω
ἢ τά Λύδων ἄρματα κἀν ὄπλοισι
πεσδομ]άχεντας.

    ]. μεν οὐ δύνατον γένεσθαι
    ].ν ἀνθρωπ[. . .π]εδέχην δ' ἄρασθαι.

            . . .

τ' ἐξ ἀδοκή[τω.

5

É um batalhão de infantes — ou de cavaleiros
— dizem outros que é uma frota de negras naus
a mais linda coisa sobre a terra — para mim,
é quem tu amas.

_____

E como é fácil fazer clara essa verdade
para o mundo, pois aquela que dos humanos
triunfou em beleza, Helena, seu marido,
o mais nobre dos homens,

_____

abandonado, para Troia navegou;
para o filho, os pais queridos nem um só
pensamento voltando: arrastada
[

_____

[por Kýpris
[
agora, esta lembrança: Anactória
    ]daqui tão distante;

_____

aquele modo de andar que acorda os desejos
e cambiantes brilhos, mais eu queria ver, no seu rosto,
que soldados com panóplias e carros lídios
[em pleno combate]

   ]sua parte não pode esperar
   ]o humano [   ] mas desejá-la.

            . . .

inesperadamente.

πλάσιον δὴ μ' [εὐχομέναι φανείη,
πότνι' Ἦρα, σὰ χ[αρίεσσα μόρφα,
τὰν ἀράταν Ἀτ[τρεΐδαι   κλῆ-
τοι βασίληες·

ἐκτελέσσαντες μ[άλα πόλλ' ἄεθλα,
πρῶτα μὲν πὲρ Ἴλ[ιον, ἔν τε πόντωι,
τυίδ' ἀπορμάθεν[τες ὄδον περαίνην
οὔκ ἐδύνατο,

πρὶν σὲ καὶ Δί' ἀντ[ίαον κάλλεσαι
καὶ Θυώνας ἰμε[ρόεντα παῖδα·
νῦν δὲ κ[ἄμοι πραϋμένες ἄρηξον
κὰτ τὸ πάλ[αιον

ἄγνα καὶ κά[λα
π]αρθ[εν
ἀ]μφι. [

ἔμμενα[ι
ἶ]ρ' ἀπίκε[σθαι

6

Junto a mim [que rezo esta prece, faz brilhar,
ó soberana Hera [tua forma cheia de graça
— tu, por quem rogaram os A[tridas,]   [ilus-]
tres reis:

―――――

cumpridas [façanhas tantas, valerosas,
em Ílion primeiro [e logo em alto mar,
desta ilha [demandaram eles o caminho
[que se furtava]

―――――

antes de clamarem por ti, por Zeus[-que-socorre,
e pelo [filho adorável de] Thyone;
agora, [sê compassiva, socorre-me
como neste an[tigo mito]

―――――

pura e boa [
 ]*arth*[
a]

―――――

émmen[
 ]*r apik*[

Κυπρο. [   ]ας·
κάρυξ ἦλθε θε[   ]ελε[. . .].θεις
Ἴδαος παδεκα . . . φ[. .].ις τάχυς ἄγγελος

 deest unus uersus

 τάς τ' ἄλλας Ἀσίας .[.]δε. αν κλέος ἄφθιτον·
Ἕκτωρ καὶ συνέταιρ[ο]ι ἄγοισ' ἑλικώπιδα
Θήβας ἐξ ἱέρας Πλακίας τ' ἀ[π' ἀι]ν<ν>άω
ἄβραν Ἀνδρομάχαν ἐνὶ ναῦσιν ἐπ' ἄλμιρον
πόντον· πόλλα δ' [ἐλί]γματα χρύσια κἄμματα
πορφύρ[α] καταΰτ[με]να, ποίκιλ' ἀθύρματα,
ἀργύρα τ' ἀνάριθμα ποτήρια κἀλέφαις.
ὣς εἶπ'· ὀτραλέως δ' ἀνόρουσε πάτ[η]ρ φίλος·
φάμα δ' ἦλθε κατὰ πτόλιν εὐρύχορον φίλοις·
αὔτικ' Ἰλίαδαι σατίναι[ς] ὐπ' εὐτρόχοις
ἆγον αἰμιόνοις, ἐπ[έ]βαινε δὲ παῖς ὄχλος
γυναίκων τ' ἄμα παρθενίκα[ν] τ.. [. .]οσφύρων,
χῶρις δ' αὖ Περάμοιο θύγ[α]τρες[
ἴππ[οις] δ' ἄνδρες ὔπαγον ὐπ' ἄρ[ματ-
π[   ]ες ἠίθεοι μεγάλω[σ]τι δ]
δ[   ]. ἀνίοχοι φ[. . . . .] . [
π[')ξα.ο[

 desunt aliquot uersus

7

Kypro. [
ei-lo, o arauto *the*[   ]*ele*[. . .]. *theis*
e estas palavras Ídaos . . . . [. .], o mensageiro veloz
[   ]
e das amplidões da Ásia [   ] glória imortal:
"Hêktor e seus companheiros, a de olhos cintilantes
trazem, de Thebas, a santa, e de Plakía [das fontes perenes]:
Andromákha de muitas graças, em naves sobre as salsas ondas
do mar — e bordados de cores cambiantes,
quanto bracelete, vestes purpúreas com perfumes,
copas de prata, inumeráveis; e marfim."
Assim falou. Vivamente ergueu-se o amado pai,
e Pháma, na cidade de amplas praças, ressoa entre os amigos.
Num ímpeto, os ilíadas atrelam os mulos
aos carros de boas rodas: para eles sobem concertos
de meninas e de virgens de [belos tornozelos] [
à parte, as filhas de Príamo [
os corcéis, os varões conduzem aos [carros de guerra]
p[   ] . . . . . muito [
d[   ] *aníokhoi ph* [. . . . .] . [
p[   ] *ksa.o* [
[
[
[

      ἴ]κελοι θέοι[ς
      ]ἄγον ἀολ[λε-
ὄρμαται[   ]νον ἐς Ἴλιο[ν,
αὖλος δ' ἀδυ[μ]έλες [κίθαρίς] τ' ὀνεμίγνυ]το
καὶ ψ[ό]φο[ς κ]ροτάλ[ων, λιγέ]ως δ' ἄρα πάρ[θενοι
ἄειδον μέλος ἄγν[ον, ἴκα]νε δ' ἐς αἴθ[ερα
ἄχω θεσπεσία γελ[
πάνται δ' ἦς κὰτ ὄδο[ις
κράτηρες φίαλαί τ' ὀ[. . .]υεδε[..] . . εακ[.] . [
μύρρα καὶ κασία λίβανός τ' ὀνεμείχνυτο·
γύναικες δ' ἐλέλυσδον ὄσαι προγενέστερα[ι,
πάντες δ' ἄνδρες ἐπήρατον ἴαχον ὄρθιον
Πάον' ὀνκαλέοντες ἐκάβολον εὐλύραν,
ὔμνην δ' Ἔκτορα κ' Ἀνδρομάχαν θεοεικέλο[ις

                ]iguais dos deuses
                    ]sagrados; re-
unidos todos [   ] para Ílion;
a flauta docissonora e a cítara se mesclam
ao timbre dos crótalos; das donzelas, nítida,
a canção sagrada ressoa aos céus etéreos
[
por todos os caminhos [
grandes vasos e copas [
misturam-se mirra, incenso e cássia;
as anciãs lançam no ar um grito agudo de alegria
e os homens, num coro apaixonado, altíssono,
invocam Paion, o Arqueiro da boa lira,
celebrando Hêktor e Andromákha, iguais aos deuses:

τεθνάκην δ' ἀδόλως θέλω·
ἄ με ψισδομένα κατελίμπανεν

πόλλα καὶ τόδ' ἔειπ.]
'ὤιμ' ὠς δεῖνα πεπ[όνθ]αμεν,
Ψάπφ', ἦ μάν σ' ἀέκοισ' ἀπυλιμπάνω.'

τὰν δ' ἔγω τάδ' ἀμειβόμαν·
'χαίροισ' ἔρχεο κἄμεθεν
μέμναισ', οἶσθα γὰρ ὤς σε πεδήπομεν·

αἰ δὲ μή, ἀλλά σ' ἔγω θελω
ὄμναισαι[. . . .] . [. . .] . . αι
. . [   ] και κάλ' ἐπάσχομεν.

πό[λλοις γὰρ στεφάν]οις ἴων
καὶ βρ[όδων   κρο]κίων τ' ὔμοι
κα . . [   ] πὰρ ἔμοι περεθήκαο,

καὶ πό[λλαις ὑπα]θύμιδας
πλέκ[ταις αμφ' ἀ]πάλαι δέραι
ἀνθέων. ἔ[   ] πεποημμέναις

καὶ π. . . . . [   ]. μύρωι
βρενθείωι .[   ]ρυ[. .]ν
ἐξαλείψαο κα[ὶ βασ]ιληίωι,

καὶ στρώμν[αν ἐ]πὶ μολθάκαν
ἀπάλαν πα.[   ] . . . ων
ἐξίης πόθο[ν   ].νίδων,

34

8

] que morta, sim, eu estivesse:
ela me deixava, entre lágrimas

_____
e lágrimas, dizendo: [
"Ah, o nosso amargo destino,
minha Psappha: eu me vou contra a vontade".

_____
Esta resposta eu lhe dei:
"Adeus, alegra-te! De mim,
guarda a lembrança. Sabes o que nos prendia a ti

_____
— se não, quero trazer de novo
à tua memória [   ]
..[   ] as lindas horas que vivemos

_____
                     ] de violetas,
de rosas e aça[flor]
.. [   ] nós duas lado a lado

_____
  [   ] tecendo grinaldas
  [   ] teu delicioso colo
                         ] flores [

_____
       [   ] e perfumes
  [   ]
                         ] feitos para rainhas;

_____

κωὔτε τις[οὔ]τε τι
ἶρον οὐδυ[   ]
ἔπλετ' ὄππ[οθεν ἄρμ]μες ἀπέσκομεν

οὐκ ἄλσος . [χ]όρος
                   ]ψόφος
                           ] . . οιδιαι

ungias com óleos, num leito [
delicioso [
e o desejo da ausente [

nem   ] grutas
                             ] danças

                          ] ou sons

ου[

ἦρ' α[
δῆρατ.[
Γογγυλα.[

ἦ τι σᾶμ' ἐθε.[
παισι μάλιστα.[
μας γ' εἴσηλθ' ἐπ.[

εἶπον· 'ὦ δέσποτ' ἐπ.[
ο]ὐ μὰ γὰρ μάκαιραν[
ο]ὐδὲν ἄδομ' ἔπαρθα γᾶ[

κατθάνην δ' ἴμερός τις [ἔχει με καὶ
λωτίνοις δροσόεντας [ὄ-
χ[θ]οις ἴδην Ἀχέρ.[

.] . . δεσαιδ' . [
.] . . δετο . [
μητι.. [

9

ou [

---
er'a [
derat. [
Gonghyla. [

---
e ti sâm'ethe. [
paisi málista.]
mas g'eiselth'ep. [

---
eu disse: "ó Soberano [Hermas]
] pelas sagradas [
] não sinto mais o gozo deste mundo [

---
e um desejo da morte [
e de ver, úmidas, estreladas de lótus [
as margens do Akher[onte

] ... *desaid'* [
... *deto*
meti ...

]Ζαρδ . [. .]
πόλ]λακι τυίδε [ν]ῶν ἔχοισα

ὠσπ .[. . .] . ὤομεν, . [. . .] . .χ[. .]-
σε θέαι σ' ἰκέλαν ἀρι-
γνώται, σᾶι δὲ μάλιστ' ἔχαιρε μόλπαι.

νῦν δὲ Λύδαισιν ἐμπρέπεται γυναί-
κεσσιν ὤς ποτ' ἀελίω
δύντος ἀ βροδοδάκτυλος σελάννα

πάντα περρέχοισ' ἄστρα· φάος δ' ἐπί-
σχει θάλασσαν ἐπ' ἀλμύραν
ἴσως καὶ πολυανθέμοις ἀρούραις·

ἀ δ' ἐέρσα κάλα κέχυται, τεθά-
λαισι δὲ βρόδα κἄπαλ' ἄν-
θρυσκα καὶ μελίλωτος ἀνθεμώδης·

πόλλα δὲ ζαφοίταισ', ἀγάνας ἐπι-
μνάσθεισ' Ἄτθιδος ἰμέρῳ
λέπταν ποι φρένα κ[ᾶ]ρ[ι σᾶι] βόρηται·

10

        ] Sard. [
quantas vezes, para este lugar, em pensamentos voltada
_____
... [   ] ...... [   ] ...
como se fosses uma deusa que se desvela;
e com teus cantos mais se alegrava.

_____
Agora, rebrilha entre as mulheres lídias,
como, depois do Sol
posto, a Lua, com dedos de rosas,

_____
os astros ofuscando, todos, sua luz
derrama sobre o mar salgado
e nos campos constelados de flores;

_____
alastra-se lindamente o orvalho;
abrem-se as rosas, o delicado
cerefólio e o florido meliloto;

_____
ela vagueia sem cessar, recorda-se
de Áthis, a deliciosa, e seu coração
delicado se aflige com tua sina:

κῆθι δ' ἔλθην ἄμμ. [. .] . . ισα τόδ' οὐ
νῶντ' ἀ[. .]υστονυμ[. . .] πόλυς
γαρύει [. . .]αλον[. . . . . .] . ο μέσσον·

ε]ὔμαρ[ες μ]έν οὐκ ἄμμι θέαισι μόρ-
φαν ἐπή[ρατ]ον ἐξισω-
σθαι συ[. .]ρος ἔχηισθ' ἀ[. . .] . νίδηον

        ]το[. . . .]ρατι-
μαλ[   ] . ερος
καὶ δ[.]μ[   ]ος Ἀφροδίτα

καμ[   ]νέκταρ ἔχευ' ἀπὺ
χρυσίας [   ]ναν
....]απουρ[   ]χέρσι Πείθω

        . . .

       ]ες τὸ Γεραίστιον
        ]ν φίλαι
       ]υστον οὐδενο[

        ]ερον ἰξο[μ

[
[
[

___

[
mas é difícil, para nós, com deusas
         ]rivalizar[   ] de Adônis

___

[
[

]Aphrodite

___

          ] o néctar derrama
áureas [
          ] Persuasão

___

] Geraístion

                                               ] querida
]

___

] *eron íkso*[*m*

..] . θος· ἀ γάρ με γέννα[τ

σ]φᾶς ἐπ' ἀλικίας μέγ]αν
κ]όσμον, αἴ τις ἔχη φόβα<ι>ς[
πορφύρωι κατελιξαμέ[να πλόκωι,

ἔμμεναι μάλα τοῦτο δ[ή·
ἀλλ' ἀ ξανθοτέραις ἔχη[
ταὶς κόμαις δάιδος προ[

σ]τεφάνοισιν ἐπαρτία[ις
ἀνθέων ἐριθαλέων·
μ]ιτράναν δ' ἀρτίως κλ[

ποικίλαν ἀπὺ Ζαρδίω[ν
. . .] . αονίας πόλις

σοὶ δ' ἔγω Κλέι ποικίλαν
οὐκ ἔχω πόθεν ἔσσεται
μιτρὰν<αν>· ἀλλὰ τὼι Μυτιληνάωι

. . .

] . [
παι . α . ειον ἔχην πο. [
αἴκε . η ποικιλασκ . . . . [

ταῦτα τὰς Κλεανακτίδα[ν
φύγας . . . ισαπολισεχει
μνάματ'· .ἴδε γάρ αἶνα διέρρυε[ν

11

[costumava dizer] minha mãe:

———

na sua juventude, era um belo
ornamento ter as tranças
presas numa [fitinha] purpúrea;

———

]
mas a moça de cabeleira
mais loura do que as flamas

———

fica melhor usando grinaldas
tecidas com botões de flores –
uma fita, não faz muito tempo,

———

de cores alegres, vinda de Sardes
        ] cidades jônias [
                ]

———

eu não tenho para ti, ó Kleís,
nem sei onde encontrar, uma fitinha
de cores alegres; mas [   ] os mitilenos

———

[
[
[

———

estas memórias dos filhos de Kleánaks
[
        terrivelmente devastadas [

θέλω τί τ' εἴπην, ἀλλά με κωλύει
αἴδως . . .

       . . .

αἰ δ' ἦχες ἔσλων ἴμερον ἢ κάλων
καὶ μή τί τ' εἴπην γλῶσσ' ἐκύκα κάκον,
αἴδως [κέν σε οὐκ] ἦχεν ὄππατ',
ἀλλ' ἔλεγες [περὶ τῶ δικαίω]

12

quero dizer-te uma coisa, mas me tolhe
o pudor [

. . .

fosse, o teu, um desejo por algo nobre e bom,
não te estalassem na língua umas palavras feias,
nenhum pudor velaria os teus olhos
[e o que é certo tu dirias]

ζά < τ' > ἐλεξάμαν ὄναρ, Κυπρογένηα

αἴθ' ἔγω, χρυσοστέφαν' Ἀφρόδιτα,
τόνδε τὸν πάλον λαχοίην

[λέγει που καὶ Σαπφοῖ ἡ Ἀφροδίτη ἐν ᾄσματι·]

... σὺ τε κἄμος θεράπων Ἔρος

13

] em sonho <contigo> eu falei, Kyproghênia

14

] pudesse eu, crisocoroada Aphrodite
obter este dom
              [no lance da sorte!]

15

[*Máximo de Tiro registra, em* Dissertações, *18,9, que, numa das canções de Safo, Afrodite se dirige à poeta, dizendo:*]

] tu e Eros, meu servidor [

ἐλθόντ' ἐξ ὀράνω πορφυρίαν περθέμενον χλάμυν

                    Ἔρος δ' ἐτίναξέ μοι
φρένας, ὠς ἄνεμος κὰτ ὄρος δρύσιν ἐμπέτων

Ἔρος δηὖτέ μ' ὀ λυσιμέλης δόνει,
φλυκύπικρον ἀμάχανον ὄρπετον

"Ατθι, σοὶ δ' ἔμεθεν μὲν ἀπήχθετο
φροντίσδην, ἐπὶ δ' Ἀνδρομέδαν πότη

16

[Eros]
vindo do céu, num manto de púrpura envolto

17

como o vento que se abate sobre os carvalhos na montanha,
[Eros me trespassa]

18

] de novo, Eros me arrebata,
ele, que põe quebrantos no corpo,
dociamaro, invencível serpente

. . .

] ó Atthis, tu me detestas até na lembrança:
e para os braços de Andromeda voas [

γλυκύπικρος

ἀλγεσίδωρον

μυθόπλοκος

19

[Eros] dociamargo

[Eros] que atormenta

[Eros] tecelão de mitos

ὦ τὸν "Αδωνιν

κατθνάσκει, Κυθέρη', ἄβρος "Αδωνις· τί κε θεῖμεν;

καττύπτεσθε, κόραι καὶ κατερείκεσθε κίθωνας[

ὀφθάλμοις δὲ μέλαις νύκτος ἄωρος

... κὰτ ἔμον στάλαχμον

20

ó tòn Ádonin,
ai de ti, ó Adônis

— ele agoniza, ó Kythéreia, Adônis delicado:
o que nos resta fazer?

— lacerai os vestidos, dilacerai vossos seios,
ó donzelas [

o sono negro nos olhos,
[ó Adônis, ó Adônis]

a minha dor escorre gota a gota,
[ó Adônis, ó Adônis]

                    τάδε νῦν ἑταίραις
ταὶς ἔμαις [τέρπνα] κάλως ἀείσω

ἄβρα δεῦτε [πάσχης] πάλαι [ἀλλόμαν]

κἀπιλείψω τοι

21

agora estes versos vou cantar, lindamente,
para encantar as amigas

22

[menina bonita,
de novo eu me perdi]

23

e para ti eu deixarei, depois de mim

ὠς δὲ πάις πεδὰ μάτερα πεπτερύγωμαι·

ταὶς κάλαισ' ὔμμιν < τὸ > νόημμα τὦμον
οὐ διάμειπτον

24

< para ti, > como a criança na direção da mãe,
abrindo as asas, eu ......

25

em relação a vós, lindas,
meus pensamentos nunca mudarão

[η δὲ Σαπφώ . . . ἐπὶ τῶν περιστερῶν·]

ταῖσι < δὲ > ψῦχρος μὲν ἔγεντ' ὁ θῦμος,
πὰρ δ' ἴεισι τὰ πτέρα

ἦρος ἄγγελος ἱμερόφωνος ἀήδων

τί με Πανδίονις ὤραννα χελίδων . . . . .

τί με Πανδίονις, "Ωιρανα, χελίδων . . . . .

26

[*O escoliasta de Píndaro observa, em nota ao verso 10 da* I Pítica, *que Safo assim descreve os pombos num de seus poemas*:]

o frio lhes trespassa o coração
e, encolhendo as asas [

27

rouxinol, núncio da primavera,
acorde do amor [

28

por que, filha de Pândion, ó doce andorinha . . . . .

por que, ó Irana, a andorinha, filha de Pândion . . . . .

[*Verso citado por Heféstion (130-169 d.C.), em* Livro dos Metros, *12,2. O texto do manuscrito encontra-se, porém, tão corrompido que essas e outras leituras se tornam possíveis, e, com elas, a tentação de reconstruir, na página ferozmente defendida pelo branco, o mito de Procne, filha de Pândion, transformada em andorinha, que (...). A sequência (em prosa, naturalmente) pode ser lida em Apolodoro (séc. I d.C.),* Biblioteca, *II, XIV, 8.*]

ἢ σε Κύπρος ἢ Πάφος ἢ Πάνορμος

29

ḕ se Kýpros ḕ Páphos ḕ Pánormos [

ou Kýpros, ou Páphos, ou Pánormos [

Kýpros ou Paphos, em porto seguro... [

que te acolha
Kýpros ou Páphos em porto seguro [

ḕ se Kýpros ḕ Páphos ḕ Pánormos [

Κρῆσσαί νύ ποτ' ὦδ' ἐμμελέως πόδεσσιν
ὤρχηντ' ἀπάλοισ' ἀμφ' ἐρόεντα βῶμον,
πόας τέρεν ἄνθος μάλακον μάτεισαι

δέδυκε μέν ἀ σελάννα
καὶ Πληΐαδες· μέσαι δὲ
νύκτες, παρὰ δ' ἔρχετ' ὤρα,
ἔγω δὲ μόνα κατεύδω

χρύσειοι δ' ἐρέβινθοι ἐπ' ἀιόνων ἐφύοντο

30

em Kreta, era assim que as mulheres dançavam,
ao som de músicas, cercando o divino altar,
pés delicados sobre as flores tenras da relva

31

a Lua já se pôs, as Plêiades também; é meia-
noite; a hora passa e eu,
deitada estou, sozinha

32

as ervilhas, áureas, despontavam nas margens

ἄστερες μὲν ἀμφὶ κάλαν σελάνναν
ἂψ ἀπυκρύπτοισι φάεννον εἶδος
ὄπποτα πλήθοισα μάλιστα λάμπη
γᾶν < ἐπὶ παῖσαν >

ἀργυρία

33

as estrelas, em torno da Lua formosa,
escondem de novo seu rosto brilhante
quando em plenitude ela volta a luzir

[prateada]

<sobre a terra inteira>

[. . . ἐρευθήεσσα δέ ἀντὶ τοῦ πυρρὰ, καὶ παρὰ τὸ Σαπφικόν·]

παντοδάπαισι μεμειχμένα χροίαισιν

                          πόδας δὲ
ποίκιλος μάσλης ἐκάλυπτε, Λύδι-
ον κάλον ἔργον

34

[*O escoliasta de Apolônio de Rodes (I, 727), observando a precisão com que o poeta utiliza o termo "vermelho" em lugar de "púrpura" ou "rubro", assinala que, numa descrição feita por Safo, fala-se, ao contrário, de uma:*]

mescla de todas as cores

35

                     [nos pés],
uma sandália de brilhos alegres,
lindo trabalho lídio[

[*O escoliasta de Aristófanes (Paz, 1.174) chama a atenção, por sua vez, para a qualidade superior das anilinas da Lídia, confirmando sua afirmação com os versos de Safo acima transcritos, nos quais aparece, entre outros, este problema para o estudioso da lírica arcaica: o termo* μάσλης *significa, como pretende Pólux, "um tipo de sandália", ou, de acordo com Reinach, "uma espécie de túnica"? Questão talvez insolúvel para o filólogo, mas de menor importância para o leitor que descobre, na página que os vazios defendem, vestígios do efêmero, de tudo o que brilha, do instante volátil.*]

[Σαπφὼ δ' ὅταν λέγῃ ἐν τῷ πέμπτῳ τῶν μελῶν πρὸς τὴν Ἀφροδίτην]

χερρόμακτρα δὲ [καγγόνων]
πορφύρα καταΰτμενα
[τατιμάσεις] ἔπεμψ' ἀπὺ Φωοκάας
δῶρα τίμια [καγγόνων]

χρυσοφάη< ν > θερ[άπαιν]αν Ἀφροδίτ[ας

36

[*Ateneu de Náucratis (9.410e) observa que, quando Safo, no livro quinto de sua lírica, dirigindo-se a Afrodite, usa a expressão* χερρόμακτρα = kherrómaktra, *quer significar "lenços usados como adorno para a cabeça":*]

[Para Aphrodite:]
] lenços [   ]
de púrpura, perfumados,
[que Mnásis] enviou de Phókaia,
dons preciosos [   ]

37

[Hekate,]
auribrilhando, servidora de Aphrodite

πλήρης μὲν ἐφαίνετ' ἀ σελάννα,
αἰ δ' ὡς περὶ βῶμον ἐστάθησαν

ποικίλλεται μὲν
γαῖα πολυστέφανος

σοὶ δ' ἔγω λεύκας [ἐπιδωμον] αἶγος

38

plena, rompia no céu a Lua brilhante,
quando as mulheres, ao redor do altar,
reunidas [

39

crivo de flores, a terra coroada de brilhos

40

para ti
[sobre o altar]
[   ] da alva cabra,
[   ]

[*Nesse misterioso fragmento citado por Apolônio Díscolo (séc. II d.C.) para exemplificar uma questão gramatical, a expressão "sobre o altar" (*ἐπὶ βῶμον *= epì bômon) é uma correção proposta por Bekker ao manuscrito, onde se lê* ἐπὶ δῶμον *= epì dômon. Por outro lado, uma passagem de Luciano (Dial. mer., LXVII) permitiu a Reinach avançar, com interrogativas ressalvas, a seguinte tradução: "queimarei, para ti, sobre o altar, a gordura de uma cabra branca".*]

[δ' ἀλλ' ἄν μοι] μεγαλύνεο δακτυλίω πέρι

σὺ δὲ στεφάνοις, ὦ Δίκα, πέρθεσθ' ἐράτοις φόβαισιν
ὄρπακας ἀνήτω συν< α>έρραισ' ἀπάλαισι χέρσιν·
εὐάνθεα [γὰρ πέλεται] καὶ Χάριτες μάκαιραι
μᾶλλον ποτόρην, ἀστεφανώτοισι δ' ἀπυστρέφονται

[φυσικὸν γὰρ δή τι τὸ τοὺς οἰομένους εἶναι καλοὺς καὶ ὡραίους
ἀνθολογεῖν. ὅθεν αἵ τε περὶ τὴν Περσεφόνην ἀντολογεῖν λέγονται
καὶ Σαπφώ φησιν ἰδεῖν]

ἄνθε' ἀμέργοισαν παῖδ' [ἄγαν] ἀπάλαν

[αυταόρα] ἐστεφαναπλόκην

41

] ah, não me cantes de orgulho
por um anel apenas! [

42

tu, de grinaldas, coroa, ó Dika, teus adoráveis cabelos,
raminhos de anis enlaçando com as mãos delicadas:
floridas, as preces agradam às Graças divinas
— que se afastam, porém, se guirlandas não trazes [

43

[*Ateneu de Náucratis (12.554b) observa que, por uma espécie de instinto natural, "as pessoas que se sentem belas e na flor da idade colhem flores. Eis porque, contam, Persephóne e suas companheiras colhiam flores; e Sappho diz que viu"*]

] uma linda menina colhendo flores

44

] grinaldas floridas [
[também eu, quando moça,] tecia grinaldas

χρύσω χρυσοτέρα

πολὺ πάκτιδος ἀδυμελεστέρα

μελίφωνοι

εὐμορφοτέρα Μνασιδίκα τὰς ἀπάλας Γυρίννως

γάλακτος λευκοτέρα

ὔδατος ἀπαλωτέρα

πηκτίδων ἐμμελεστέρα

ἴππου γαυροτέρα

ῥόδον ἀβροτέρα

ἱματίου ἑανοῦ μαλακωτέρα

χρυσοῦ τιμιωτέρα

45

mais áurea do que o ouro

46

deliciosa; mais do que uma lira ressoando

47

melífona

48

Mnasidíka, de mais nobre forma do que a delicada Ghyrinnó

48a

mais do que o leite,	cândida
mais do que a água,	branda
mais do que liras	harmônica
mais do que um cavalo,	impetuosa
mais do que a rosa,	frágil
mais do que um manto leve,	imponderável
mais do que o ouro,	áurea

οὐδ' ἴαν δοκίμωμι προσίδοισαν φάος ἀλίω
ἔσσεσθαι σοφίαν πάρθενον εἰς οὐδένα πω χρόνον
τεαύταν

Ἥρων ἐξεδίδαξε [Γυάρων] τὰν ἀνυόδρομον

ἀσαροτέρας οὐδάμα πωΐρανα σέθεν πύχοισαν

49

não penso que haverá jamais, em tempo algum,
sob a luz do sol, moça que a ti se compare,
no brilho da poesia

50

a Herô eu ensinei [de Ghýaros] a de andar ligeiro

51

[mais insuportável do que tu, ó Irana
outra, nesta vida, eu nunca encontrei]

[mais insuportável, ó Irana,
nunca, por acaso, te encontrei nesta vida]

[ἀναδράμωμεν ἐπὶ τὸ προκείμενον, παραθέμενοι τὸ πύλη, ὅπερ οὐκ ἦν παρ' Ἀττικοῖς· ἀλλὰ μέμνηται Σαπφὼ ἐν δευτέρῳ·]

ἔγω δ' ἐπὶ μολθάκαν
πύλαν < κασ >πολέω [μέλεα·] κἂν μὲν τετύλαγκας [
ἀσπόλεα]

52

[*Herodiano (século II d.C.) observa, em* Sobre termos anômalos, *que a palavra* πύλη, *(coxim ou almofada), não aparece nunca nos textos dos escritores atenienses, embora se encontre no Livro II de Safo:*]

        deitarei meus membros sobre
                macias almofadas [

[*Esse fragmento nos chega a tal ponto corrompido que, do conjunto, só podemos decifrar o que se leu acima, observa Schubart, apoiado por Denys Page — o que para o nosso imaginário já é muito, se pensarmos na oposição que o coxim citado por Herodiano instala entre uma Atenas "moderna", "viril", e o universo lânguido, colorido, sensual, da Lesbos sáfica, próximo, talvez, das cenas de interior oriental inventadas por Eugène Delacroix.*]

ἠράμαν . . . πότα

δαύοις ἀπάλας ἐτα< ί >ρας ἐν στήθεσιν

εἰ οὖν Σαπφὼ τὴν Λεσβίαν οὐδὲν ἐκώλυσεν εὔξασθαι νύκτα αὐτῇ γενέσθαι διπλασίαν, ἐξέστω κἀμοί τι παραπλήσιον αἰτῆσαι.

53

pequena . . . sem encantos

54

adormecendo
no seio de uma terna amiga

55

[*Em* Orações, *3, 26, Libânio, retórico do século IV d.C., anota o seguinte:*]

desde que Safo de Lesbos pôde desejar que uma noite tivesse para ela a duração de duas, quero, também eu, fazer um pedido igual.

[*Unindo, de forma sem dúvida aleatória, o fragmento 53 (citado por Plutarco em* Diálogo sobre o amor, *751d) ao 54 (colhido num dicionário compilado no século XII), teríamos, mediado por uma citação feita por Terenciano Mauro (Et. Gen. p. 22 Calame), este poema imaginário:*]

[há muito tempo eu te amei, ó Atthis:
eras ainda para mim uma menina pequena
e sem encantos, adormecendo no seio
de uma terna amiga: ah! pudesse aquela noite
durar duas noites para mim]

]βλα.[
      ]εργον, . . λ' α . . [
      ]ν ρέθος δοκιμ[
      ]ησθαι

      ]ν αὐάδην χ . [
      δ]ὲ μή, χείμων[
      ].οισαναλγεα.[
      ]δε

.] . ε . [. . . .] . [. . . . κ]έλομαι σ.[
Γο]γγύλαν [. . .]ανθι λάβοισαν α.[
]κτιν, ἀς σε δηῦτε πόθος τ.[
ἀμφιπόταται

τὰν κάλαν· ἀ γὰρ κατάγωγις αὔτα[
ἐπτόαισ' ἴδοισαν, ἐγὼ δὲ χαίρω·
καὶ γὰρ αὔτα δήπο[τ'] ἐμέμφ[
Κ]υπρογέν[ηα

ὡς ἄραμα[
τοῦτο τῶ[
β]όλλομα[ι

ἠράμαν μὲν ἔγω σέθεν, Ἄτθι, πάλαι ποτὰ

56

                    ]
                    ]
                    ]
                     ]

                  ]
                  ]
                 ]
                ]

               ] eu te peço
Gon]ghyla[empunha
a lira, enquanto, de novo, o desejo, [
ao teu redor, voa,

ó bela — ao ver os seus véus,
estremeceste; eu, de alegria,
me ilumino: certa vez, ela própria, a sagrada
Kyproghênia [

57

há muito tempo eu te amei,
ó Átthis

ἦλθες, ἔγω δέ σ' ἐμαιόμαν,
ὂν δ' ἔψυξας ἔμαν φρένα καιομέναν πόθῳ

καὶ ποθήω καὶ μάομαι

κὰτ ἔμον στάλαχμον

ὄπταις ἄμμε

58

] vieste: eu esperava por ti;
escorres, como água fresca, no meu coração ardente

59

queimo em desejo
e anseio [por]

60

[a minha dor, que flui,]
gota por gota

61

e nos queimas

ἐμέθεν δ' ἔχησθα λάθαν
ἤ τιν' ἄλλον ἀνθρώπων ἔμεθεν φίλησθα

ἀλλ' ἔων φίλος ἄμμι
λέχος ἄρνυσο νεώτερον·
οὐ γὰρ πλάσομ' ἔγω συνοί-
κην ἔοισα γεραιτέρα

62

tu me lançaste no esquecimento
[   ]
ou existe outro homem
que a mim tu preferes?

63

mas se me queres bem, amigo,
o leito busca de mais moça:
não suportaria viver
contigo, sendo eu a mais velha

[καλοῦσι γοῦν καὶ αἱ ἐλεύθεραι γυναῖκες ἔτι καὶ νῦν καὶ αἱ παρθένοι τὰς συνήθεις καὶ φίλας ἑταίρας, ὡς ἡ Σαπφώ·]

Λάτω καὶ Νιόβα μάλα μὲν φίλαι ἦσαν ἕταιραι

64

[*Numa digressão "filológica" (como diríamos hoje), Ateneu de Náucratis (c. 200 d.C.) observa que, no passado, "hetaira" não significava "prostituta", mas "amiga" ou "companheira"; e nesse sentido o termo era aplicado a meninas e mulheres de condição livre. Assim, por exemplo, em Safo:*]

Leto e Níobe eram queridas companheiras

[*Anotemos, antes de tudo, o seguinte: para um homem do século II, a poesia de Safo de Lesbos (nascida em cerca de 610 a.C.) já pertence a uma espécie de "antiguidade" que precisa ser estudada e explicada. Em seguida, algo desconcertante para nós: segundo a lenda, Níobe, mãe de sete rapazes e sete moças maravilhosos, teria zombado de Leto, que havia gerado apenas a Ártemis e Apolo — e os dois terríveis irmãos, para vingar a afronta feita à divina mãe, trespassaram então de flechas os quatorze filhos de Níobe. Essa mulher viu, ao sair do seu palácio, o horrível grupo de corpos agonizantes e ficou ali, longamente, como que petrificada pela angústia. Apiedando-se, porém, da infeliz, Zeus a transformou numa rocha, de onde escorre — como num fragmento de Safo — uma fonte que é a sua dor fluindo eternamente, gota a gota.*]

ὄτα πάννυχος ἄσφι κατάγρει

]. ἄκαλα κλόνει
]κάματος φρένα
]ε κατισδάνε[ι]
] ἀλλ' ἄγιτ' ὦ φίλαι,
], ἄγχι γὰρ ἀμέρα

ἔχει μὲν Ἀνδρομέδα κάλαν ἀμοίβαν

Ψάπφοι, τί τὰν πολύολβον Ἀφροδίταν

65

quando aquele que age ao longo da noite
lhes fecha os olhos [

66

    ]
    ]
    ]
    ] mas vinde, ó amigas,
    ] o dia se aproxima

67

recebe Andrômeda um dom precioso

ó Psappha, por que [tu clamas por] Aphrodite,
a-que-traz-riquezas?

νυκτ[

παρθένοι δ[
παννυχίσδοι[σ]αι[
σὰν ἀείδοιεν φ[
φας ἰοκόλπω.

ἀλλ' ἐγέρθεις ἠϊθ[
στεῖχε σοις ὐμάλικ[
ἦτερ ὄσσον ἀ λιγύφω[
ὔπνον [ἴ]δωμεν.

κῆ δ' ἀμβροσίας μὲν
κράτηρ ἐκέκρατ',
Ἔρμαις δ' ἔλων ὄλπιν θέοισ' ἐοινοχόησε.
κῆνοι δ' ἄρα πάντες
καρχάσι' ἦχον
κἄλειβον, ἀράσαντο δὲ πάμπαν ἔσλα
γάμβρῳ

68

noite [

———

as donzelas [
ao longo da noite inteira [
cantam [   ] [e a noiva,]
colo cingido de violetas.

———

Vem, tu, desperta [
[os jovens noivos
[pássaro de nítido canto
[

69

a ambrosia,
num cântaro transbordando;
Hermas com um jarro serviu os celestes.
E então eles todos,
largas taças nas mãos
fizeram libações e pediram graças
para o noivo

ὀφθάλμοις δὲ μέλαις νύκτος ἄωρος . . . . .

ἀμφὶ δ' ἄβροισ' . . . λασίοισ' εὖ < . ' >ἐπύκασσε

ὄνοιρε μελαινα[
φ[ο]ίταις ὄτα τ' ὔπνος[

γλύκυς θ[έ]ος, ἦ δεῖν' ὀνίας μ]
ζὰ χῶρις ἔχην τὰν δυναμ[

ἔλπις δέ μ' ἔχει μὴ πεδέχη[ν
μηδὲν μακάρων ἐλ[

οὐ γάρ κ' ἔον οὔτω[
ἀθύρματα κα.[

γένοιτο δέ μοι[
τοὶς πάντα[

70

o sono negro nos olhos

71

e a cobriu com um lençol de linho delicado . . .

72

o sonho e [a noite] negra [
tu vieste quando Hýpnos [

———
o delicioso deus, terrivelmente, das angústias [
dividir a [

———
esperança [
as bem-aventuradas [

———
não sendo eu [
belos brinquedos [

———
e que eu possa obter [
todos [

τὸν δ' ἐπιπλάζοντ' ἄνεμοι φέροιεν
καὶ μελέδωναι

οὐκ οἶδ' ὄττι θέω· δύο μοι τὰ νοήμματα

]θαμέω[
ὄ]ττινα[ς γὰρ
εὖ θέω κῆνοί με μά[λιστα πά]ντων
σίνοντα]ι

. . . . .

]αν, ἔγω δ' ἔμ' [αὔται
τοῦτο σύ]νοιδα

73

os que me condenam,
que o vento e suas aflições os carreguem

74

não sei como escolher:
em mim, há dois intentos

75

                ]
os que são meu bem-querer, esses
me trazem dores;

      . . . . . .

               ] ah, eu sei disso,
muito bem

[βάζω τὸ λέγω . . . ἐξ αὐτοῦ γίνεται ἀβακής· κέχρηται δὲ αὐτῷ
Σαπφώ, οἷον·]

ἀλλά τις οὐκ ἔμμι παλιγκότων
ὄργαν, ἀλλ' ἀβάκην τὰν φρέν' ἔχω

76

[*Estobeu, autor de antologias que teve seu* floruit *em algum ponto do século V d.C., ensina numa de suas obras que* βάζω = bádzō *significava (num dialeto grego para ele já antigo) "eu falo" — de onde a palavra* ἀβακής = abakḗs, *"silencioso, tranqüilo, doce". É nessa acepção que Safo utiliza o termo no fragmento que se lerá a seguir, no qual aparece também a palavra* φρήν = phrḗn, *"diafragma" e não propriamente "coração": a sede dos sentimentos e das paixões; tanto da alegria quanto da dor, do medo, da cólera, do amor — e das sensações físicas, da atenção e do que, hoje, chamaríamos de "razão".*]

       mas eu não sou dos malignos
por temperamento: tenho um coração silencioso e sereno

ψαύην δ' οὐ δοκίμωμ' ὀρανω [δυσπαχέα]

μήτε μοι μέλι μήτε μέλισσα

μή κίνη χέραδος

77

[sou pequena
para alcançar o céu com as mãos]

78

para mim, nem o mel nem as abelhas

79

não revolvas pedras miúdas

ὁ πλοῦτος ἄνευ [ἀρέτας] οὐκ ἀσίνης πάροικος,
ἁ δ' ἀμφοτέρων κρᾶσις [εὐδαιμονίας ἔχει τὸ ἄκρον]

σκιδναμένας ἐν στήθεσιν ὄργας
μαψυλάκαν γλῶσσφν πεφύλαχται

80

[*Este fragmento foi colhido nas margens de um manuscrito de Píndaro, na qual um leitor antigo fez o seguinte comentário aos versos 96 e seguintes da* Oitava Olímpica: *"a saúde, quando não vem sozinha, mas embelezada pela virtude, enriquece a si mesma e à virtude, e ajuda na busca do que é bom. Pois nunca vêm sozinhas. Como diz Safo"*:]

riqueza sem nobres virtudes não é vizinho inofensivo
[os dois, unidos, são a felicidade suprema]

[*O escoliasta de Píndaro utiliza, como Safo no seu verso, um conceito central da cultura grega, difícil de ser transposto para as línguas modernas:* ἀρετή = aretế, *que indica, não a* virtude *no sentido ocidental-cristão da palavra, mas uma excelência de méritos: a agilidade e a força corporais, a própria saúde, mas também o que há de melhor no campo da inteligência e da psiquê. Todo um universo de conotações vem então à tona: coragem, atos de bravura, honra, a nobre inteireza do homem... Homero, Píndaro, Safo. (Observe-se, aliás, que o segundo verso do fragmen-to tem uma redação bastante corrompida e pode ter sido redigido por um segundo escoliasta comentando o primeiro, de onde os colchetes enquadrando um texto colocado sob suspeita.)*]

81

é bom ter cuidado com a língua tagarela,
quando se agitam no peito as paixões

ὁ μὲν γὰρ κάλος ὄσσον ἴδην πέλεται˙κάλος,
ὁ δὲ κἄγαθος αὔτικα καὶ κάλος ἔσσεται

[νῦν μὲν ἐπιτιμᾷ ταύταις, νῦν δὲ ἐλέγχει, καὶ εἰρωνεύεται αὐτὰ ἐκεῖνα τὰ Σωκράτους· τὸν Ἴωνα χαίρειν φησὶν ὁ Σωκράτης·]

πόλλα μοι τὰν Πωλυανάκτιδα παῖδα χαίρην

       μάλα δή κεκορημένοις
Γόργως

82

é belo, na duração de um olhar, o belo;
o valoroso para sempre há de ser belo

83

[*Segundo Máximo de Tiro (18,9d), Safo costumava zombar de suas rivais, como no exemplo abaixo — mas a graça ou ironia desse verso nos escapa, hoje, quase inteiramente*:]

à filha dos Polyanaktidas, repetidas saudações

84

mas que supremo desgosto
de Gorghó

[Σαπφοῦς πρὸς ἀπαίδευτον γυναῖκα·]

κατθάνοισα δὲ κείσῃ οὐδὲ ποτα μναμοσύνα σέθεν
ἔσσετ' οὐδὲ πόθα εἰς ὕστερον· οὐ γὰρ πεδέχῃς βρόδον
τὼν ἐκ Πιερίας, ἀλλ' ἀφάνης κἀν 'Αίδα δόμῳ
φοιτάσῃς πεδ' ἀμαύρων νεκύων ἐκπεποταμένα

85

[*Segundo Estobeu (3.4.12), Safo teria dirigido estas palavras a uma mulher* ἀπαίδευτος = apaídeytos, *isto é, inculta e, sem dúvida, grosseira*:]

morta jazendo na terra,
ninguém te lamentará, ninguém vai de ti se lembrar:
das rosas da Piéria não compartilhaste
— invisível na casa do invisível Hades,
entre obscuros mortos uma sombra errante tu serás

[Σαπφώ περὶ 'Ανδρομέδας σκώτει]

τὶς δ' ἀγροΐωτις θέλγει νόον
ἀγροΐωτιν ἐπεμμένα στόλαν
οὐκ ἐπισταμένα τὰ βράκε ἔλκην ἐπὶ τῶν σφύρω;

86

[*Máximo de Tiro menciona (18,9) algumas rivais de Safo, sem dúvida na arte de ensinar dança e poesia; entre elas, a "insuportável Gorghó" (cf. fr. 84) e Andromeda, da qual a poeta zombaria nos seguintes versos que chegaram até nós tão corrompidos por copistas medievais e pelo tempo, tão restaurados por leitores modernos, que, na incerteza da forma, eles se transmutam a cada leitura, sobretudo se nos lembrarmos que o texto grego citado pelo velho retórico não está submetido aos rigorosos esquemas da metrificação antiga*:]

quem é essa camponesa que enfeitiçou teu pensamento,
incapaz de prender o drapeado do vestido
acima dos tornozelos? [

quem é a camponesa que te enfeitiça a cabeça
vestida com roupa de camponesa,
não sabendo nem ajustar o vestido
acima dos tornozelos? [

quem, mulher grosseira, te prendeu no seu feitiço?
ela, que nem sabe ajustar o drapeado dos vestidos
acima dos tornozelos [

[καὶ ἡ Σαπφὼ δὲ πρὸς τὸν ὑπερβαλλόντως θαυμαζόμενον
τὴν μορφὴν καὶ καλὸν εἶναι νομιζόμενόν φησι·]

στᾶθι [κἄντα] φίλος
καὶ τὰν ἐπ' ὄσσοισ' ὀμπέτασον χάριν

87

[*Segundo Ateneu de Náucratis (13.564d), Safo teria dito o seguinte a um homem excessivamente admirado e visto por todos como muito belo:*]

pára [   ] [se és meu amigo]
faz brilhar a alegria destes olhos [

diante de mim, meu querido, pára;
abraça-me com teus olhos feiticeiros [

um instante, se me amas, à minha frente:
deixa que teus olhos brilhem [

[*Fragmentado como chegou até nós, corrigido e emendado por Bergk, Kaibel e outros helenistas antigos, esse verso colhido no curso de eruditas dissertações que Ateneu de Náucratis coloca na boca de seus personagens, ilumina entretanto o leitor moderno com uma graça que não depende dos contextos ou convenções citacionais.*]

ἔστι μοι κάλα πάις χρυσίοισιν ἀνθέμοισιν
ἐμφέρῃ ἔχοισα μόρφαν Κλέις ἀγαπάτα,
ἀντι τᾶς ἔγωὐδὲ Λυδίαν παῖσαν οὐδ' ἐρανναν

88

eu tenho uma linda menina; com douradas flores
ela se parece: minha Kleís, meu bem-querer —
nem pelo reino da Lídia inteiro, nem pela adorada
[Lesbos] eu a trocaria

δεῦτέ νυν ἄβραι Χάριτες καλλίκομοι τε Μοῖσαι

βροδοπάχεες ἄγναι Χάριτες δεῦτε Δίος κόραι

αἴ με τιμίαν ἐπόησαν ἔργα
τὰ σφὰ δοῖσαι

89

vinde, agora, delicadas Graças, e vós, Musas de lindas tranças

90

Graças divinas de róseos braços, vinde, ó filhas de Zeus

91

com o dom de suas obras
honraram-me [as Musas]

[ἀναίθεται τῇ Ξανθίππῃ ὀδυρομένῃ ὅτε ἀπέθνῃσκεν, ἡ δὲ τῇ θυγατρί·]

οὐ γὰρ θέμις ἐν μοισοπόλων [οἰκίᾳ]
θρῆνον ἔμμεν'· οὔ κ' ἄμμι πρέποι τάδε

[καθόλου τὸ περιτιθέναι τοῖς ἀπροαιρέτοις προαιρεικόν τι γλυκύτητα ποιεῖ ὥσπερ . . . καὶ ὅταν τὴν λύραν ἐρωτᾷ ἡ Σαπφὼ καὶ ὅταν αὐτὴ ἀποκρίνηται, οἷον·]

ἄγι δὴ [χέλυ δῖα] [μοι λέγε]
φωνάεσσα [δὲ γίνεο]

δεῦρο δηὖτε Μοῖσαι χρύσιον λίποισαι

92

[*Máximo de Tiro (18,9), recordando o aborrecimento de Sócrates com as lágrimas de Xantipa no momento em que ele se preparava para iniciar a grande viagem da morte, anota que Safo também havia dito à sua filha:*]

não consentem os deuses lamentos
numa casa consagrada às Musas:
não nos convêm

93

[*Hermógenes (Id. 2.4) observa que atribuir ações a objetos inanimados pode produzir deliciosos efeitos, como, por exemplo, quando Safo interpela sua lira, que responde:*]

[— vem, lira divina, e me responde;
encontra, tu mesma, tua própria voz]

[   ]

94

de [vossa casa] dourada,
vinde a mim, ó Musas

φαῖσι δή ποτα Λήδαν ὐακίνθινον
. . . ὤιον εὔρην πεπυκάδμενον

95

diz a lenda que Leda certa vez encontrou
um ovo da cor dos jacintos

contam que Leda encontrou um dia
sob folhas de jacinto, um ovo

[*Ligada à grande narrativa homérica e consequentemente à poética de Safo, Leda desposou Tíndaro, rei de Esparta e lhe deu quatro filhos — Pólux e Helena, criaturas semidivinas nascidos de um ovo fecundado por Zeus que, para se aproximar da princesa etólia, havia assumido a forma de um cisne; e Castor e Clitemnestra, pobres seres humanos eclodidos do mesmo ovo, mas gerados por Tíndaro: mito por excelência arcaico, quase totêmico, do qual nos resta, entre os fragmentos de Safo, apenas uma imagem enigmática, que poderia figurar, entretanto, na argila de um vaso, ao lado da inscrição* ΚΑΛΗ, *"bela e nobre": a cena, a mulher, o desenho.*]

γλύκεα μᾶτερ, οὔτοι δύναμαι κρέκην τὸν ἴστον
πόθῳ δάμεισα παῖδος βραδίναν δι'Αφροδίταν

96

ó mãe querida, não consigo mais tecer a trama:
queimo de amor por um moço, e a culpa é da lânguida Aphrodite

[φησὶν ἡ Σαπφὼ ὅτι τὸ ἀποθνῆσκειν κακόν· οἱ θεοὶ γὰρ οὕτω κεκρίκασιν· ἀπέθνησκον γὰρ ἄν.]

97

[*Segundo Aristóteles* (Retórica, *1.398b*), *Safo dizia que morrer é um mal: assim o decidiram os deuses, eles que não morrem.*]

]σανορεσ . . [
Φοίβωι χρυσοκό]μαι, τὸν ἔτικτε Κόω κ[όρα
μίγεισ' ὑψινέφει Κρ]ονίδαι μεγαλωνύμωοι·
"Αρτεμις δὲ θέων] μέγαν ὄρκον ἀπώμοσε·
νὴ τὰν σὰν κεφά]λαν, ἄϊ πάρθενος ἔσσομαι
ἄδμης οἰοπό]λων ὀρέων κορύφαισ' ἔπι
θηρεύοισ' ἄγι καὶ τά]δε νεῦσον ἔμαν χάριν.
ὢς εἶπ'· αὐτὰρ ἔνευ]σε θέων μακάρων πάτηρ.
πάρθενον δ' ἐλαφάβ]ολον ἀγροτέραν θέοι
ἄνθρωποί τε κάλε]ισιν ἐπωνύμιον μέγα.
κήναι λυσιμέλης] Ἔρος οὐδάμα πίλναται,
] . [.] . . . . αφόβε[. .] . . ω·

98

                  ]   [
Phoîbos crisoco]mo gerado pela filha de Kêos
unida ao Senhor das Nuvens,] o glorioso Kronida;
mas Árthemis, entre os deuses,] fez um sublime voto:
"Por tua cabe]ça, eu serei eternamente virgem,
indomável; no alto] cimo das montanhas solitárias,
caçadora: vem, coloca-me] a salvo, dá-me esta graça!"
Assim ela disse.] E o pai dos santos deuses concedeu.
Donzela-que-abate]-cervos, virgem selvagem, os deuses
e os homens a chamam desde então:] é um nome glorioso.
Eros, que põe quebrantos nos corpos,] não se aproxima
[de Árthemis]

[*Estes versos, decifrados num papiro do século II ou III d.C., foram publicados pela primeira vez por Lobel e Page em 1952 e atribuídos, com alguma hesitação, ao poeta Alceu de Mitilene. Outros editores (e.g. Campbell e Treu) argumentam a favor de Safo como autora do conjunto que, assim o demonstram os colchetes, passou por uma laboriosa restauração, devida a Page, mas também a Cramer. De qualquer forma, é com involuntária ironia que fecho a primeira parte dos fragmentos da lírica da poeta de Lesbos com este hino a uma divindade insensível à potência de Eros.*]

EPITALÂMIOS EM FRAGMENTOS

Ἔσπερε πάντα φέρων ὅσα φαίνολις ἐσκέδασ' αὔως,
φέρεις ὄιν, φέρεις αἶγα, φέρεις ἄπυ μάτερι παῖδα

ἀστέρον πάντων ὀ κάλλιστος

1

Vésper,
trazendo de volta os que se foram
à luz do claro dia nascente,
ovelha e cabra nos trazes de volta;
trazes de volta, à mãe, o seu filho

2

[Ó Vésper,]
dos astros o mais belo!

ἦρ' ἔτι παρθενίας ἐπιβάλλομαι;

ὦ καλή, ὦ χαρίεσσα·

δώσομεν, ἦσι πάτηρ

3

à Virgindade,
o que ainda me prende?

4

ó bela, ó cheia de graça

5

nós a entregaremos, diz o pai

οἶον τὸ γλυκύμαλον ἐρεύθεται ἄκρω ἐπ' ὕσδῳ,
ἄκρον ἐπ' ἀκροτάτῳ, λελάθοντο δὲ μαλοδρόπηες·
οὐ μὰν ἐκλελάθοντ' ἀλλ' οὐκ ἐδύναντ' ἐπίκεσθαι

οἴαν τὰν ὑάκινθον ἐν ὤρεσι ποίμενες ἄνδρες
πόσσι καταστείβοισι, χάμαι δὲ πόρφυρον ἄνθος

6

igual à doce maçã que amadurece lá no alto,
no mais alto ramo pelos colhedores esquecida
— esquecida, não: que eles não conseguiram alcançar

7

igual ao jacinto nas montanhas,
sob o pé dos pastores calcado,
jaz por terra a flor de púrpura

τίῳ σ', ὦ φίλε γάμβρε, καλῶς ἐικάσδω;
ὄρπακι βραδίνῳ σε μάλιστ' ἐικάσδω

πέρροχος, ὡς ὄτ' ἄοιδος ὁ Λέσβιος ἀλλοδάποισιν

8

ao que poderia eu, noivo querido, comparar-te?
lindamente, a um ramo delicado vou comparar-te

9

superior:
assim, o cantor de Lesbos aos de outras terras

θυρώρῳ πόδες ἑπτογόγυιοι,
τὰ δὲ σάμβαλα πεμπεβόηα,
πίσσυγγοι δὲ δέκ' ἐξεπόναισαν

ἴψοι δὴ τὸ μέλαθρον,
ὑμήναον,
ἀέρρετε, τέκτονες ἄνδρες·
ὑμήναον·
γάμβρος [εἰθέρχεται ἴσος] Ἄρευι,
ἄνδρος μεγάλω πόλυ μέσδων

10

umas sete braças tem o pé do porteiro,
levam suas sandálias o couro de cinco bois:
para fazê-las penaram dez sapateiros

11

os altos tetos levantai

— *Hymenæus*!

levantai, ó carpinteiros

— *Hymenæus*!

o noivo se aproxima,
o noivo grande como Ares,
mais alto que os mais altos homens

τανδεφυλασσετε ενν[. .]οι γάμβροι[. . . . .]υ πολίων
βασίληες

12

vigiai [
guardai   [
ó vós, os noivos [
príncipes das cidades [

em vigilância mantivestes a [
e os noivos [
príncipes das cidades [

ὄλβιε γάμβρε, σοὶ μὲν δὴ γάμος ὡς ἄραο
ἐκτετέλεστ', ἔχῃς δὲ πάρθενον [ἂν] ἄραο . . .
σοὶ χάριεν μὲν εἶδος, ὄππατα δ' . . .
μέλλιχ', ἔρος δ' ἐπ' ἰμέρτῳ κέχυται προσώπῳ
. . . τετίμακ' ἔξοχά σ' Ἀφροδίτα

οὐ γὰρ [ετέρα νῦν] πάις ὦ γάμβρε τεαύτα

παρθενία, παρθενία, ποῖ με λίποισ' ἀποίχῃ;
[οὐκέτι ἥξω πρὸς σέ, οὐκέτι ἥξω]

13

[cumpriu-se, ó noiva, a promessa!
— Ó esposo!
cumpriu-se, ó noivo, o desejo!
— Ó esposa!]

ó ditoso noivo, cumpriu-se a demanda!
tens o laço, tens moça que demandas!
ó noiva cheia de graças, teus olhos [
a doçura do mel; em tua face Eros aflui;
honra-te, acima de todos, Aphrodite

14

pois não [se conhece], ó noivo,
outra moça que a esta [se compare]

15

— virgindade, virgindade, aonde, ao me abandonar, tu foste?

— eu nunca voltarei a ti; nunca voltarei

χαῖρε, νύμφα, χαῖρε, τίμιε γάμβρε, πόλλα

[χαίροις ἀ νύμφα], χαιρέτω δ' ὁ γάμβρος

16

adeus — alegra-te — ó noiva;
alegra-te — e adeus — ó nobre esposo

17

adeus — alegria e luz para a noiva;
adeus — que se ilumine e se alegre o noivo

RUÍNAS

ἦρ' α[. .
δῆρα το[
Γογγύλα σ[

1

  êr' a [
  derat [
  Gonghyla [

  spring . . . . .
  too long . . . . .
  Gongula . . . . . .[1]

  domingo . . . . .
  tão longo . . . . .
  Gôngula . . . . .[2]

---

[1] Segundo a leitura de Ezra Pound.
[2] Ezra Pound, em releitura de Augusto de Campos.

. . .
. .]ων μα.[

κ]αὶ τοῦτ' ἐπικε.[
δ]αίμων ὀλοφ.[

οὐ μὰν ἐφίλησ[
νῦν δ' ἕννεκα[

τὸ δ' αἴτιον οὐτ[
οὐδὲν πόλυ[.].[

]υδ' [

2

]
]
daímon oloph.......
[uma divindade funesta]
[um deus que se lamenta]

．．．
　　　] ἔρωτος ἠλπ[
　　　]
　　]τιον εἰσίω σ[
　　]'Ερμιόνα τεαύ[τα
] ξάνθαι δ' Ἐλένα σ' ἐίσ[κ]ην
 ]κες
] ις θνάταις, τόδε δ' ἴσ[θι] τὰι σᾶι
]παίσαν κέ με τὰν μερίμναν
]λαισ' ἀντι[. .]'[.]αθοις δὲ
　　　　　]
　　　]τας ὄχθοις
　　　　]ταιν
　　　　]νυχίσ[δ]ην

3

].......[de amor
]
[pois que te vejo face a face
] Hermíone [
] à loura Helena
   [comparar-te]
] criaturas mortais
] dos meus sofrimentos
]   [ ] [ ] [
               ]
               ]
               ] [ ]

. . . . .] . . . α[

. . . . .]ρομε[
. . . . .] . ελασ[

.ροτήννεμε[
Ψάπφοι, σεφίλ[

Κύπρωι β[α]σίλ[
καίτοι μέγα δ.[

ὄ]σσοις φαέθων[
πάνται κλέος[

    καί σ' ἐνν"'Αχέρ]
            ]ντ[

4

  ...] And[rome]da
    ] a Psappha
    ] Kýpria
    ] Phaêton
    [Akher]onte

      . . .

[luz e treva]
[   ]
    Andromeda
[   ]
[   ]
    a Psappha
    Kýpria
[Estrela da Tarde]
            Phaêton
[brilhando   ]
[   ] no Akheronte

]ι γάρ μ' ἀπὺ τὰς ἑ.[
      ὔ]μως δ' ἔγεν[το
            ] ἴσαν θέοισιν
         ]ασαν ἀλίτρα[
           ]δρομέδαν[.]. αξ
         ]αρ[. . .]. α μάκα[ιρ]α
        ]εον δὲ πρόπον α[.].ύνη[
           ] κόρον οὐ κατισχε . [
]κα[. . . . .]. Τυνδαρίδαι[ις
   ]ασυ[.] . . .κα[.] χαρίεντ' ἀ . [
      ]κ' ἄδολον [μ]ηκέτι συν[
      ]Μεγαρα . [. .]να[. . .]α[

5

                ]   [
                ]   [
        iguais a deusas
              ]   [
      Andromeda [ ] [
] [ ] [   ]
      ]   ] [ ] [ ]
          [   ]
] [ ] Tyndárides
[   ]
  [   ]
    Megara [

        ]τύχοισα
        ]θελ᾽
    τέ]λεσον ηόημμα
        ]έτων κάλημ̣ϊ
        ]πεδὰ θῦμον αἶψα
     ὄ]σσα τύχην θελήση[ις
        ]ρ ἔμοι μάχεσθα[ι
    χ]λιδάναι πίθεισα[ν
 ]ί σὺ δ᾽ εὖ γὰρ οἶσθα
    ]έτει τα[.] . λε . .
                    ]κλασ[

6

combater
]
]
]
]
combater [comigo (?)] [contra mim (?)]
]
pois bem sabes
]

ἐπτάξατε[
δάφνας ὄτα[

πὰν δ' ἄδιον[
ἦ κῆνον ἐλο[

καὶ ταῖσι μὲν ἀ[
ὀδοίπορος ἄν[

μύγις δέ ποτ' εἰσάιον· ἐκλ[
ψύχα δ' ἀγαπάτασυ. [

τέαυτα δὲ νῦν ἔμμ[
ἴκεσθ' ἀγανα[

ἔφθατε· κάλαν[
τά τ' ἔμματα κα[

7

]... e vos escondestes, cheias de horror [
um loureiro, quando [
. . . . .
tudo, mais delicioso [
. . . . .
. . . . .
um caminhante [
mal conseguia ouvir [

alma [
. . . . .
. . . . .
. . . . .

              [bela]

                    ].[
                  ].δα[
            ]
            ].α
            ]ύγοισα[   ]
].[. .] . . [   ]ιδάχθην
].χυ θ.[.]οι[.]αλλ[. . . . .]ύταν
].χθο.[.]ατί [. . . . . . .]εισα
]μένα ταν[. . . . ὠ]νυμόν σε
]νι θῆται στ[ύ]μα[τι] πρόκοψιν
]πων κάλα δῶρα παῖδες
]φιλάοιδον λιγύραν χελύνναν
]ντα χρόα γῆρας ἤδη
]ντο τρίχες ἐκ μελαίναν
]αι, γόνα δ' [ο]ὐ φέροισι
]ησθ' ἴσα νεβρίοισιν
ἀ]λλά τί κεν ποείην;
] οὐ δύνατον γένεσθαι
] βροδόπαχυν Αὔων
      ἔσ]χατα γᾶς φέροισα[
      ]ον ὔμως ἔμαρψε[
      ]άταν ἄκοιτιν
      ]ιμέναν νομίσδει
      ]αις ὀπάσδοι
ἔγω δὲ φίλημμ' ἀβροσύναν,   ]τοῦτο καί μοι
τὸ λά[μπρον ἔρος τὠελίω καὶ τὸ κά]λον λέ[λ]ογχε

8

[

                                        ]
        ] maravilhoso dom
         ] da lira que ressoa, nítida
         ] a velhice [   ] a minha pele
         ] cabelos, escuros um dia
         ] frágeis joelhos
            ] (dançavas?) (eras igual?) a uma jovem corça!

                    . . . . . .

        ] Aurora de róseos braços
         ] aos limites da terra levando
         ]
         ]
         ]
         ]
                        eu amo a doçura do mundo] [   ]
            [*o amor me concedeu*] [*a luz resplandecente e a beleza
do sol*] [

                ]θε θῦμον
                ]μι πάμπαν
        ]δύναμαι,
        ]

        ]ας κεν ἦ μοι
        ]ς ἀντιλάμπην
                ]λον πρόσωπον.
        ]

        ]γχροΐσθεις,
            ]′[. .]ρος

9

]
]
]
]

]
] s antilámpen
]

]
]
] [..]

[Antilámpō: *fazer brilhar sinais, transmitindo mensagens ou respostas: assim, a luz que percorre os céus, de Troia ao palácio real,* no Agamêmnon *de Ésquilo, 294.*]

]
].επαβοληϲ[
]ανδ' ὄλοφυν [. . . .]ε.
]τρομέροιϲ π.[. .]αλλα
]

] χρόα γῆραϲ ἤδη
]ν ἀμφιβάϲκει
]ϲ πέταται διώκων
]

]ταϲ ἀγαύαϲ
]εα, λάβοιϲα
] ἄειϲον ἄμμι
τὰν ἰόκολπον.   ]
]ρων μάλιϲτα
]αϲ π[λ]άναται

10

]
]
]

]
]
]

]
]
] cantai, para nós,
a que traz violetas nos véus
[
[

πεδὰ βαῖο[ν
Πωλυανακτ[ίδ]αις
[
χόρδαισι διακρέκην[
ὀλισβ[   ] δόκοισ< ι > [
φιλοφρ[ό]ως [
ἐλελίσ[

11

]
]da casa de Polyánaks [
]
]
olisb [
]
]

[*O termo* ὄλισβος = ólisbos *faz parte do vocabulário obsceno da comédia ática* (Lisístrata, *107-109*) *e corresponde ao latino* penis coriaceus, *artefato usado na Antiguidade por amorosos solitários, que não são apenas mulheres, pois um fauno servindo-se dele está jocosamente inscrito numa cerâmica beócia do período arcaico, hoje em Berlim. Os vestígios da presença de um ólisbos no que pode ter sido um verso de Safo é, para alguns editores, quase um escolho, embora se transforme, para outros, num achado providencial, comprovando o modo de vida viril das mulheres de Lesbos. De acordo com os mais prudentes, entretanto, os grafemas* <o l i s b> *teriam sido praticamente refeitos a partir de traços esmaecidos sobre um suporte de papiro quase duas vezes milenar. Por outro lado, tendo em vista a precariedade do texto, suas imensas lacunas, a ausência de elementos que permitam determinar até o metro e o tipo de composição, é possível avançar outra hipótese: estes restos são de Alceu de Mitilene, e não da poeta de Lesbos. Gravemos, entretanto, o seguinte: o ólisbos faz parte da tradição grega mais arcaica, está presente na superfície da cerâmica antiga, atravessa com desembaraço os discursos da comédia e do mimo; e assim, ao surgir num contexto em que está presente a casa dos Polyánaks, poderia talvez indicar uma enérgica agressão verbal de uma poeta de sentimentos fortes e língua ferina contra alguma* "inimiga polyanaktida que ela não conseguia mais suportar".]

] . εν τὸ γὰρ ἔννεπε[.]η προβ[
] . ατε τὰν εὔποδα νύμφαν [
   ]τα παῖδα Κρονίδα τὰν ιόκ[ολπ]ον[
] . ς ὄργαν θεμένα τὰν ιόκ[ολ]πος α[
] . . ἄγναι Χάριτες Πιέριδέ[ς τε] Μοῖ[σαι
] . [. ὄ]πποτ' ἀοιδαι φρέν[. . .]αν . [
   ]σαιοισα λιγύραν [ἀοί]δαν
   γά]μβρον, ἄσαροι γὰρ ὐμαλικ[
   ]σε φόβαισι θεμένα λύρα . [
] . . η χρυσοπέδιλ< λ >λ[ο]ς Αὔως

12

[*Vestígios decifrados de um papiro do século II d.C., no qual um autor desconhecido, referindo-se provavelmente ao oitavo livro da lírica de Safo, registrou o que seriam os primeiros versos de dez poemas para sempre perdidos:*]

..... dizer [

..... a noiva de lindos pés [

..... véus de violetas, a filha de Kronos [

..... a ira .... véus de violetas [

..... divinas Graças e vós, Musas da Piéria [

..... canções [que arrebatam] [

..... ouvindo o nítido som [

..... o noivo [

..... cabeleira .... a lira [

..... Áuos, ó tu, Aurora de áureas sandálias [

JOGOS DE SOMBRA E LUZ

O esplendor que se estende sobre a cidade [de Smirna], e *que não cega os olhos* — como escreveu Sappho —, mas que os alimenta e revigora, e cuja alegria lhes dá novas forças; não à maneira *da flor do jacinto*, mas como algo que o sol e a terra jamais revelaram ao homem [
Ælius Aristides, Or., 18, 4

***

Se, por meio de orações, me fosse permitido mudar minha forma para a de um pássaro, como na lírica do poeta de Teos, eu não voaria para o Olimpo, nem mesmo para queixar-me de amores, mas, antes, voaria aos contrafortes de tuas montanhas para abraçar-te, ó tu, *meu desvelo*, como escreveu Sappho.
Iulianus, Ep., 193 (p. 263 Bidez-Cumont)

***

Devo, agora, comparar-te ao próprio Condutor das Musas, tal como o descrevem Sappho e Píndaros em seus poemas, cabelos e lira dourados, levado por cisnes ao Helikón, para dançar com as Musas e as Khárites.
Himerius, Or., 46, 6

***

] e o desejo, ao contrário, procura enganar, como se diz de Aphrodite:
Kýpria, que urde as suas tramas
Aristóteles, Eth. Nic., VII, 6, 3, 1. 149b

***

] Sappho diz que a Persuasão é filha de Aphrodite.
Escoliasta de Hesiodus, 74

***

] Sappho ama a rosa e lhe tece sempre algum elogio; ela a compara às lindas moças.
Philostratus, *Ep.*, 71

***

Para Apollonios Rhodios, Eros é filho de Aphrodite; para Sappho, ele nasceu do Céu e da Terra.
Escoliasta de Appol. Rhod., III, 26

***

[Os outros poetas] deixaram a Sappho de Lesbos o privilégio de cantar em sua lira os ritos de Aphrodite e a composição do epitalâmio. Depois do confronto, ela entra na câmara nupcial, entrelaça guirlandas no quarto e prepara o leito; reúne as moças no quarto; traz a própria Aphrodite no carro das Khárites, com o coro dos Amores que se divertem com ela; entrelaça flores de jacinto nos cabelos de Aphrodite, mas deixa algumas mechas livres, divididas em sua testa, ao capricho da brisa que brinca com elas; adorna com ouro as asas e os caracóis dos amores e coloca seu cortejo diante do carro, levantando no ar as tochas.
Himerius, *Or.*, 9, 4

***

Belo noivo, homem de pureza, santo arcipreste, cantaremos para ti um canto de núpcias em teu místico casamento; não um canto como aqueles que Sappho, a poeta, cantou, tecido com ritmos suaves e melodias licenciosas, comparando os noivos a cavalos vencedores em corridas e a noiva à ternura das rosas, fazendo sua elocução mais melodiosa que a lira.

> Michael Italicus, erudito bizantino do século XII, numa carta ao bispo de Constantinopla, Johannes Oxites

***

Com certeza, ouviste falar de Sappho dizendo, cheia de orgulho, a algumas dessas mulheres consideradas felizes, que as Musas a tinham abençoado e feito digna de inveja, e que *não seria esquecida, nem mesmo depois de morta*.

> Ælius Aristides, *Or.*, 28, 51

***

Sokrátes diz que Eros é *sofista*, Sappho chama-o de *tecelão de mitos*. Eros faz com que Sokrátes queime por Phaîdros e Sappho diz que Eros *caiu sobre ela como o vento que desaba, dos altos montes, sobre os carvalhos*.

> Maximus Tirius, 18, 9

***

[Sokrátes] repudiava, ao morrer, as lamentações de Xanthippe; e Sappho as de sua filha: *Não permitem os deuses lágrimas de dor numa casa consagrada às Musas: não nos convêm*.

> Maximus Tirius, 18, 9

***

Para Diotima, Eros floresce na riqueza e morre na pobreza; reunindo esses dois aspectos, Sappho falou do amor *dociamargo* e *doador de sofrimentos*.

Maximus Tirius, 18, 9

***

Dizem que Sokrátes não se aproximou de Alkibiádes, que muito amava, antes que fosse suficientemente conduzido pelas palavras. *Tu me parecias ainda uma criança que não estava preparada para o amor*, diz Sappho.

Maximus Tirius, 18, 9

***

Como considerar o amor da mulher de Lesbos, senão pela comparação com a arte socrática de amar? Pois cada qual me parece ter praticado o amor à sua maneira; ela, o amor das mulheres; ele, o dos homens. Pois disseram que amaram muitos, e foram fascinados por todas as coisas belas. O que Alkibiádes e Kharmídes e Phaîdros foram para ele, Ghýrinna e Átthis foram para ela; assim como Prôdikos, Gorghías, Thrasymákhos e Protagóras foram rivais na arte (ἀντίτεχνοι) para Sokrátes, Gorghó e Andromeda foram, para Sappho, rivais. Às vezes, ela as critica, outras vezes zomba delas e usa da ironia, tal como Sokrátes.

Maximus Tirius, 18, 9

***

Sokrátes diz: *Bom dia para você, Íon*; e Sappho: *Meus repetidos cumprimentos à filha dos Polyanaktídas*.

Maximus Tirius, 18, 9

***

A história dos amores de Selene [e Endymíon] foi contada por Sappho e Níkandros no canto II da *Europa*; dizem que neste antro [Latmos] Selene desceu para encontrar Endymíon.

Escoliasta de Appol. Rhod., IV, 57

***

Prometeu, filho de Iapetós e Klyméne; depois de ter criado os homens, subiu, dizem, ao céu, com a ajuda de Minerva e iluminando uma tocha [*férula*, segundo Bergk] na roda do sol, roubou o fogo, que revelou aos homens. Os deuses, irritados, enviaram, então, dois males aos homens: as febres [*mulheres*, segundo Bergk] e as doenças, como contam Hesíodos [*Teogonia*, 570; *Os trabalhos e os dias*, 70, 100] e Sappho.

Servius, *in* Virg., *Ecl.* VI, 42

***

Segundo alguns, foram sete rapazes e sete moças que Theseus libertou com ele próprio, como dizem Platão no *Phaîdros* e Sappho em sua lírica.

Servius, *in* Virg., *Æn.*, VI, 21

***

Anakréon diz que coroava a si próprio com mirto [   ] e também com anis, como Sappho e Alkaîos. Os dois mencionam também a salsa.

Pollux, *Voc.*, VI, 107

***

Se, portanto, nada impediu Sappho de Lesbos de desejar que [aquela] noite tivesse para ela a duração de duas noites, que eu possa fazer um pedido semelhante.

Libanius, *Or.*, 12, 99

***

O ouro é indestrutível. Sappho diz [   ] que o ouro é filho de Zeus.

Escoliasta de Pind., *Pyth.*, 4.110c

***

Euphórion, o poeta lírico, diz no livro *Sobre os jogos ístmicos*: "os intrumentalistas atualmente chamados de *nablistas, pandouristas, sambycistas* não utilizam um instrumento novo, pois o *báromon* e o *bárbiton* foram mencionados por Sappho e Anakréon assim como o *mágadys*, o *trígono* e o *sambyka*".

Athenaeus, IV, 182e

***

Mais que [a jovem] Ghello, amiga das crianças: ex-pressão usada a respeito dos que morrem prematuramente, ou daqueles que, amando as crianças, as estragam com mimos. Pois Ghello era uma jovem, morta prematuramente, e as mulheres de Lesbos dizem que seu fantasma assombra as criancinhas e atribuem a ela sua morte prematura. Sappho a menciona.

Zenobius, *Prov.*, 3.3

***

Thápsos: uma madeira com a qual tingiam a lã e os cabelos de amarelo; Sappho a chama de *madeira cítia*.

Photius, 8l. 12s. (p. 274 Naber)

***

Ákakos: "aquele que não passou pela experiência do mal", e não "homem de caráter honesto e bom". Assim utilizou Sappho [esse termo].

Photius, *Anecd. Gr.* (i 370 Bekker)

***

Amára: assim chamado porque é suspenso ou cavado com a ajuda de uma pá (*amé*); essa, a explicação de um comentário de Sappho.

Orion, *Lex.*, 3, 12

***

Amamaksýs, isto é, *vinha trepadeira*. Sappho escreve com um δ: *amamaksýdes*.

Et. Mag., p. 77, 1

***

Nos substantivos, há também irregularidades de declinação, como, por exemplo, *eysármates*, *lîta* e, em Sappho, *aûa*.

Apollonius Dyscolus, *Adv.*, 182, 22

***

Aúōs ou *ēốs* (*Aurora*), isto é, o dia: essa é a forma utilizada pelos eólios. Sappho: *Pótni <a> Aúōs*: *Soberana Aurora*.
Et. Mag., p. 174

***

O acento agudo é colocado na última sílaba, na penúltima ou na antepenúltima; nunca antes. [   ] Excluímos a forma *Mḗdeia* em Sappho, pois ela divide o ditongo *ei*.
Ioanes Alexandrinus, Πον. Παρ. (p. 4 Dindorf)

***

] segundo o gramático Aristófanes, este vento é chamado de *katōré*, em função de seu ímpeto violento para baixo.
Porphyrius, Il., 2, 447; Eusthatius, Il., 603, 37 et segs.

***

Kíndyn (*perigo*), usado por Sappho, em lugar de *kíndynon*.
Choeroboscus, in Theodos. Can. (i 270 Hilgard)

***

Melíphōnos (*melífona*), delicioso epíteto utilizado por Sappho.
Philostratus, Imag., 2, 1

***

Mellikhóphōnoi: a mais deliciosa, entre as palavras de Sappho.
Aristaenetus, Ep., I, 10

***

O genitivo plural é *Mōsáon* entre os lacônios; *Moisáōn*, em Sappho.

Epim. Hom. (*Anecd.Oxon.*, i 278, Cramer)

***

Nítron (nitro, soda), é a forma da palavra entre os eólios, sobretudo em Sappho. Em ático, escreve-se com um λ: *lítron*.

Phrynichus, 272 (p. 89 Fischer)

***

Sobre *aïris* (*ignorante de*): pode ser declinado como *aïdreos* e *aïdrei*. Contudo, em Sappho: *polyïdridi* (*que sabe muito, prudente, hábil*) está certo, a menos, naturalmente, que sua flexão seja a mesma que em ático, pois Sophokleēs usa a forma *ídrida*.

Escoliasta da *Il.*, 3, 219

***

Beŷdos, palavra utilizada por Sappho; é o *kimberikón*, uma túnica curta e transparente.

Pollux, *Voc.*, VII, 49

***

Hĕktores, as cavilhas no leme. Sappho utiliza essa palavra como epíteto de Zeus.

Hesychius, *E* 1.750 (ii. 56 Latte)

***

]inversamente, entre os eólios, o ζ substitui, às vezes, o δ, como em Sappho, que escreveu *dzábaton* (vau) por *diábaton*.
Escoliasta de Dion. Thrax., *Art.*, 6

***

Assim, em Sappho: *khelṓnē, khelýne* (tartaruga).
Orion, 28, 15

***

Os vasos (*phiálai*) são chamados de *mesómphalos* ou *balaneiómphalos*, de acordo com sua forma; os de ouro, de acordo com o material. Assim, Sappho: *khrysastrágaloi* (vasos de ouro).
Pollux, *Voc.*, 6, 98

***

] *episkhoíēs pódas*: forma análoga a *ioíen* e a *agogoiēn*, como em Sappho.
Escoliasta da *Il.*, 14, 241

***

Sappho chama um móvel [ou cofrezinho] para perfumes e outros artigos femininos de *grýta* (*cofre-das-vaidades*).
Phrynichus, *Praep.Sophist.* (p. 60 von Borries)

TABULAE NUMERORUM

ÍNDICE DOS NÚMEROS DOS FRAGMENTOS[1]

I. Neste volume
II. Ed. Belles Lettres (Reinach-Puech: RP)
III. Ed. Clarendon (Lobel-Page: LP)

---

[1] A abreviação *inc.* indica, antes do número de um fragmento, que o verso é atribuído, sob suspeita, ao autor em questão.

1. Poemas e fragmentos da lírica

I	II - RP	III - LP
1	1	1
2	2	31
3	–	2
4	25-26	5-15
5	27	16
6	28	17
7	56	44
8	93	94
9	95	95
10	96	96
11	–	98 (a), (b)
12	160	137
13	156	134
14	22	33
15	71	159
16	61	54
17	44	47
18	97-98	130-131
19	182	172-188
20	133-152-53-10	168-140(a)151-37
21	7	160
22	99	inc.5*
23	17	–
24	130	inc. 25
25	19	41
26	8	42
27	131	136

	RP	LP
28	153	135
29	6	35
30	151	inc. 16
31	74	(c.) 168 B*
32	127	143
33	3	34
34	57	152
35	13	39
36	90	101
37	145	inc. 23
38	150	154
39	148	(C) 168 C*
40	16	40
41	52	inc. 5
42	85	81
43	126	122
44	70	125
45	139	156
46	100	156
47	–	185
48	72	82 (a)
48 (a)	140	156
49	64	56
50	66	inc. 11
51	72	91
52	54	46
53	42	49
54	147	126
55	172	197
56	33, 36	22
57	41	49
58	46	48
59	14	36
60	10	37
61	20	38

* Os fragmentos 31 e 39 (correspondendo a 74 e 148 em RP) não são listados por LP, sendo indicados, aqui, com os números da edição Campbell (Loeb Classical Library), que segue, no mais, a clássica LP.

	RP	LP
62	15	129 (a), (b)
63	67	121
64	128	142
65	135	149
66	55	43
67	154-55	133
68	39	30
69	124-125	141(a), (b)
70	59	151
71	102	100
72	77	63
73	11	37
74	45	51
75	37	26
76	69	120
77	51	52
78	132	146
79	137	145
80	73, 159	148
81	134	158
82	48	50
83	162	155
84	58	144
85	63	55
86	65	57
87	161	138
88	141	132
89	157	128
90	60	53
91	21	32
92	101	150
93	103	118
94	142	127
95	62	166
96	104	102
97	170	201
98	–	44a

2. Epitalâmios em fragmentos

	RP	LP
1	121	104 (a)
2	9	104 (b)
3	144	107
4	–	108
5	123	109
6	112	105 (a)
7	113	105 ©
8	117	115
9	111	106
10	118	110 (a)
11	110	111
12	115	161
13	106, 108	112
14	120	113
15	109	114
16	119	116
17	119	117

3. Ruínas

	RP	LP
1	–	–
2	79	67 (a)
3	35	23
4	78	65
5	81	68 (a)
6	87	60
7	76	62
8	75	58
9	24	4
10	32	21
11	–	99
12	–	103

BIBLIOGRAFIA

Edições e traduções do texto de Safo

CAMPBELL, D.A. *Greek lyric*. London: Loeb Classical Library, 1982. v. I.
EDMONDS, J.M. *Lyra graeca*. London: Loeb Classical Library, 1934, v. I.
LOBEL, E. ΣΑΠΦΟΥ ΜΕΛΗ. *The fragments of the lyrical poems of Sapho*. Oxford: Clarendon, 1925.
____ e PAGE, D. *Poetarum lesbiorum fragmenta*. Oxford: Clarendon, 1955.
REINACH, T. e PUECH, A. *Alcée-Sapho*. Paris: Les Belles Lettres, 1937.
ΣΑΠΦΟΨΣ. In *Anacreontis carmina*. Argentorati: apud J.C. Treutell, 1786.
VOIGT, E.-M. *Sappho et Alcaeus fragmenta*. Amsterdam: Polack & Van Gennep, 1971.

***

SAFO. *Obra completa* (ed. bilingue, trad. para o catalão por Manuel Balasch). Barcelona: Ediciones 62, 1985.
SAFFO. *Poesie* (texto grego e trad. para o italiano por Ilaria Dagnini). Roma: Newton Compton, 1991.
SAFO. *Poems and fragments* (trad. para o inglês por Josephine Balmer). London: Brillance Books, 1984.
SAPPHO. (Trad. para o francês de alguns poemas e fragmentos de Safo por Roger Brasillac.) In *Anthologie de la poésie grecque*. Paris: Le Livre de Poche, 1965, pp. 125-32.
SAPPHO. *Poèmes et fragments* (trad. para o francês por Pascal Chavet). Paris: La Délirante, 1989.
SAPPHO. (Trad. para o francês de alguns poemas e fragmentos de Safo por Marguerite Yourcenar.) In *La couronne et la lyre*. Paris: Gallimard, 1979, pp. 80-9.
SAPPHO and ALCAEUS. (Texto grego e trad. para o inglês por Denys Page.) Oxford: Clarendon, 1955.

***

SAFO. (Trad. para o português a partir do grego por Péricles Eugênio da Silva Ramos). In *Poesia grega e latina*. São Paulo: Cultrix, 1964.
SAFO. *Lírica* (trad. para o português, a partir de antigas versões e paráfrases francesas, por Jamil Almansur Haddad). São Paulo: Cultura, 1942.
SAFO. *Tudo o que restou* (trad. para o português, a partir de clássica versão inglesa, por A.A. Antunes). Além Paraíba: Interior, 1987.

CADASTRO
ILUMI/URAS

Para receber informações
sobre nossos lançamentos e
promoções envie e-mail para:

cadastro@iluminuras.com.br

A *Iluminuras* dedica suas publicações à memória de sua sócia Beatriz Costa [1957-2020] e a de seu pai Alcides Jorge Costa [1925-2016].